XYZ세대 공감 프로젝트 2

AI와 함께라서

XYZ세대 공감 프로젝트 ②

AI와 함께라서

최원설 이재하 고은비 지음

지식터

프롤로그

AI 덕분에 다시 만난 XYZ

온라인 교육 개발자

X님 안녕하세요! 저자님들의 XYZ세대 공감 프로젝트 책을 보고 연락드려요! 혹시 AI 시대의 XYZ라는 주제로 온라인 교육을 기획하고 있는데, 가능하신지요?

X

안녕하세요! 헉 생각지도 못한 주제를… 생각해보니, XYZ세대 모두 AI 시대에 고민이 많을 것 같네요.

온라인 교육 개발자

저희 기획진도 그러한 고민에서 시작을 했습니다. 조직 내에 XYZ세대가 모두 있는데, AI를 바라보는 관점, 조직 내 활용, 성과에 대한 공정성 등에 대해 다 다른 생각을 할 것 같아서요. X님께서 이 부분의 전문가니까, 신속하게 저희랑 만들어 보실까요?

X

잠시만요. 저는 혼자는 어려울 듯한데요. 처음 쓴 책 XYZ세대 공감 프로젝트(함께라서)도 혼자 쓴 것이 아니라서요.

온라인 교육 개발자

무슨 말씀이신지? X님 세대 전문가 아니세요?

X

저도 세대 공감 책을 쓰기 전까지는 제가 세대 분야의 전문가인 줄 알았습니다. 하지만 책을 쓰면서 제가 알고 있던 모든 내용이 선입견이라는 생각을 했어요. 75년생인 저와 함께한 85년생 Y, 95년생 Z가 없었으면, 책은 나오지 못했을 것입니다. 다른 세대와 같이 책을 써서 회사에서 필요한 각 세대 공감 내용들을 채울 수 있었습니다.

온라인 교육 개발자

아 그래요? 저희는 X님 혼자 후딱 하는 것도 괜찮은데…

X

일단 Y님과 Z님을 초대해서 같이 이야기 나눠 보시죠.

[X]님이 [Y][Z]님을 초대했습니다.

X

Y님, Z님 오랜만입니다. 같이 AI 시대의 XYZ에
대해 온라인 과정 개발을 해 볼까요?

Y

갑자기요????

Z

또 지난번처럼 갑자기요??? 갑작스럽긴 한데,
AI 덕분에 다시 만난 XYZ네요! 좋습니다~

온라인 교육 개발자

무슨 분위기인지는 잘 모르겠지만 세 분이 호흡이 잘 맞고,
왠지 잘 될 것 같아요!! 같이 만들어 볼까요?

Z

무엇인지는 잘 모르겠지만, 다시
또 열심히 해 보겠습니다!

Y

이왕 하는 것 책도?

이렇게 XYZ세대 공감 프로젝트 시즌 2가 탄생했다. 우연이라면 우연이지만 모두가 현재 고민하고 있는 주제 "AI 시대"에 대해 4년 만에 다시 만나 같이 이야기 나누는 시간을 가지게 된 것이다. 그러면서 다시 또 느꼈다. 역시 또 다른 세대, 다른 경험, 다른 생각을 가지고 있구나. 언제나 셋이 모이면 그랬듯이 서로의 다른 이야기를 담고, 서로의 공통점을 모았다. 세 사람의 이야기는 8개 차시 온라인 교육으로 완성되었고, 그 이야기를 책으로 다시 집필했다.

첫 번째 책에서도 이야기했듯, 우리는 온라인 교육을 만들고 책을 쓰는 과정에서 조직과 사람에 대해 많은 것을 배웠다. 회사 안에서 다른 세대를 바라볼 때, 우리는 종종 '배려'라는 이름으로 거리를 둔다. 서로 불편해할까 봐, 아직 친하지 않다는 이유로 큰 관심 없이 각자의 자리를 지킨 채 하루를 살아간다. AI라는 직장생활의 거대한 변화 앞에서도 상황은 크게 다르지 않았다. 각 세대는 서로를 이해하기보다 저마다의 생존 방식에 더 충실했다. 조직생활은 원래 그렇다. 각자 살기도 바쁘다.

그런 우리가 AI를 주제로, 직장이라는 공간을 벗어나 다시 만났다. 그곳에서 우리는 AI 시대에 대한 솔직한 생각을 나누고, 서로를 향한 아쉬움과 불만을 꺼내며 우리가 얼마나 다른지를 다시 마주했다. 그리고 온라인 교육 대본을 함께 만들고, 책을 쓰고, 식사와 술잔을 나누는 시간 속에서 조금씩 알게 되었다. AI 시대를 '각자'가 아니라 '같이' 살아가는 방법을. 그렇게 우리는 AI 시대, XYZ의 생존 방정식을 그려 나갔다.

'AI 덕분에 다시 만나서, AI와 함께라서…'

첫 번째 제목에도 함께라서 뒤에는 말줄임표였다. 말줄임표는 긍정적 표현이 될 수도 있고, 부정적 표현이 될 수도 있다. '함께라서 불행해요, 짜증나요, 시간 아까워요' 등의 부정적 표현이 될 수도 있다. 하지만 우리가 같이한 시간 속에서 함께라서 뒤에 긍정적인 단어들이 늘어간다.

함께라서…일 수 있어서… 예상하지 못하는 AI 시대를 또 살아간다.

XYZ세대 대상 AI 리터러시 테스트 : 나의 AI 활용 점수는?

결과 해석

8개 이상 : 함께 성장하는 AI 리더 단계. 각 세대에서 AI를 가장 능숙하게 활용하고 있습니다!
5개~7개 : AI 실천가 단계. 이미 잘 활용하고 계시며 더 성장하실 여지가 충분합니다!
4개 미만 : AI 잠재력 단계. 지금부터 조금만 더 익히면 활용도가 훨씬 높아질 거예요!

❶ X세대(1965~1979년생) AI 리터러시 테스트

1. AI의 분석 결과를 업무 의사결정에 적용할 때, 결과의 신뢰성을 검증하는 방법을 알고 있다.
2. AI가 생성한 데이터와 기존 조직에서 생성한 데이터의 차이를 구분할 수 있다.
3. 예측 모델의 정확성을 높이기 위한 데이터 전처리·검증 과정의 중요성을 이해한다.
4. AI 도입이 팀의 업무 효율성에 미치는 영향을 평가할 수 있다.
5. AI 활용 시 발생할 수 있는 보안·개인정보 문제를 사전에 식별하고 대응할 수 있다.
6. AI 기술 도입이 조직 전략과 목표에 부합하는지를 판단할 수 있다.
7. 팀 구성원들이 AI를 올바르게 활용하도록 가이드라인을 제공할 수 있다.
8. Google Looker Studio(구 Data Studio), Flourish 등 시각화 AI 툴을 활용해 데이터를 간단히 시각화하고, 직관적인 차트로 인사이트를 확인할 수 있다.
9. ChatGPT나 Perplexity 등 LLM을 활용한 데이터와, AI를 사용하지 않은 사용자의 예측을 간단히 해석·비교하여 업무 방향성을 논의할 수 있다.
10. Notta.ai나 Zoom과 같은 생산성 도구(자동 회의 요약 기능)를 사용해 회의 핵심 내용을 요약하고, 의사결정 자료로 바로 활용할 수 있다.

❷ Y세대(1980~1994년생) AI 리터러시 테스트

1. AI가 생성한 보고서나 분석 자료의 오류를 식별할 수 있다.
2. 부서원들의 AI 활용 결과물을 검토하고 개선 방향을 제시할 수 있다.
3. AI 툴을 여러 부서·프로젝트 간에 연결해 협업을 촉진할 수 있다.
4. AI 활용 과정에서 발생하는 저작권·출처 문제를 이해하고 관리할 수 있다.
5. 부서 간 AI 데이터 공유 프로세스를 설계할 수 있다.
6. 팀의 AI 활용 수준을 평가하고, 필요한 교육 방향을 제안할 수 있다.
7. AI 활용 시 팀원의 강점과 약점을 파악하여 업무 배분을 최적화할 수 있다.
8. Notion이나 Evernote와 같은 생산성 도구(AI)를 활용해 팀 아이디어와 회의 기록을 구조화할 수 있다.
9. Canva나 Figma 등 시각화 AI 도구를 활용하여 프레젠테이션 자료를 효과적으로 개선할 수 있다.
10. Perplexity나 Gemini 등 LLM을 사용해 신뢰성 있는 참고 자료를 찾아 팀원들에게 공유할 수 있다.

❸ Z세대(1995년생~) AI 리터러시 테스트

1. AI가 제공한 정보의 신뢰성을 검증할 수 있다.
2. AI를 활용해 주어진 업무 목표에 맞는 자료를 수집·정리할 수 있다.
3. AI가 생성한 결과물의 표현·구조를 상황에 맞게 수정할 수 있다.
4. AI 도구의 장단점을 이해하고, 상황에 맞는 툴을 선택할 수 있다.
5. AI가 만든 결과물에 오류가 있을 때, 이를 직접 수정하거나 재요청할 수 있다.
6. 업무 효율성을 높이기 위해 AI와 수작업의 비율을 적절히 조절할 수 있다.
7. 새로운 AI 툴을 스스로 학습하고 업무에 적용할 수 있다.
8. ChatGPT, Claude LLM 등을 활용해 데이터 기반의 보고서 초안을 작성할 수 있다.
9. Midjourney, DALL·E 같은 이미지·그래픽 생성 AI 툴을 활용해 보고서에 필요한 시각 자료를 제작할 수 있다.
10. Google Sheets AI, Excel Copilot 온라인 OA 등을 활용해 데이터 정리·분석을 자동화할 수 있다.

차례

프롤로그 004

XYZ세대 대상 AI 리터러시 테스트 : 나의 AI 활용 점수는? 008

Chapter 1

AI가 바꾼 직장의 풍경 : 세대별 AI 활용법 015

1. X세대 : AI 리부팅, 관리와 효율성 중시 018
2. Y세대 : 낀 세대 Y의 AI 적응기 025
3. Z세대 : AI 플레이메이커, 새 판을 짜는 세대 031
4. XYZ세대 AI 생존 방정식 : X는 안정화한다, Y는 연결한다, Z는 창조한다 036

AI 업무 도구 30선(무료/유료) 041

Chapter 2

세대별 소통 코드, AI가 통역해 드립니다 045

1. 텍스트 중심에서 프롬프트 중심 소통으로 047
2. AI로 번역하는 세대의 언어 055
3. 회의·보고에서 빛을 발휘하는 AI 비서 060
4. 세대별 AI 대화 스타일과 협업 언어 만들기 066
5. 세대를 넘나드는 AI 시대의 소통력 072

출근 첫 10분, AI와 세대별 아침 인사 075

Chapter 3

AI를 활용한 다른 세대와 함께 일하는 방식 077

1. 행위자 네트워크 이론으로 본 AI와 XYZ의 협업 방정식 078
2. 방향과 결과를 좌우하는, 질문을 잘 만드는 '문제아' 086
3. 호모 프롬프트로 진화 중인 XYZ 091
4. AI 시대의 보고서 작성과 리더의 피드백 102
AI를 활용한 보고서 작성 TIP 110

Chapter 4

공정성과 기여 인식의 차이, AI가 키운 갈등 113

1. AI 활용 업무 추진은 공정한가? XYZ세대별 기여도 인식 차이 117
2. AI 시대의 공정한 평가와 적절한 피드백 전략 124
3. Z세대의 AI 사용 스킬 중요성 vs XY세대의 직무 역량 중요성 129
4. AI가 만든 불평등 해결 프로젝트 132
AI 공정성 테스트 136

Chapter 5

AI 윤리와 책임, 세대가 나눠야 할 고민 139

1. 성장이 사라진다 : AI를 통한 학습과 생각의 외주화가 미치는 영향 141
2. 과정이 사라진다 : 결과 중심 사고는 문제 해결 능력을 감소시킨다 148
3. 책임이 사라진다 : 타인의 창작물, 저작권 사용, 데이터 보안에 대한 민감성 실종 155
4. 다양성이 사라진다 : 알고리즘, 확률 기반 AI가 만드는 동일성 그리고 편향 162

GPT를 잡아내는 유용한 툴들 168

Chapter 6

실제 기업 사례 : AI 기반 세대 공감 프로젝트 171

1. Microsoft : Viva가 바꾼 세대 공감 조직문화 173
2. Deloitte : AI가 만든 세대 역멘토링의 새 모델 177
3. LG전자 : AI·빅데이터로 강화하는 전사 협업 181
4. POSCO : AI 검색으로 여는 글로벌 실시간 인사이트 185
5. 현대자동차그룹 : AI 기반 교육 플랫폼 '러닝라운지' 189
6. 마무리 : AI, 세대의 경계를 허무는 조직문화 실험실 192

Chapter 7

AI 시대 리더십과 팔로워십, 그리고 조직문화 195

1. XYZ세대를 위한 리더십 196
2. XYZ세대를 위한 팔로워십 205
3. XYZ세대를 위한 조직문화 214
4. XYZ와 AI가 함께 일하는 7가지 방법 220

[Ground Rule] AI와 함께 행복하게 일하는 7가지 방법 222

Chapter 8

AI 시대, 세대별 도전과 기회 225

1. X세대 : 직무 경험의 재결합 – AI와 직관의 융합 227
2. Y세대 : 낀 세대 Y를 위한 AI 스킬 200% 활용법 231
3. Z세대 : AI와 함께 자라나는 세대, 변화 속에서도 나답게 일하는 법 240

AI 시대 함께 삶을 살아가고 있는 각 세대에게, 그리고 동료 세대에게 보내는 편지 245

참고문헌 250

Chapter

1

AI가 바꾼 직장의 풍경
: 세대별 AI 활용법

회사에서의 생성형 AI에 대한 XYZ의 생각

질문 : 요즘 회사에서 생성형 AI 사용이 점점 늘어나고 있는데, 각 세대의 생각은 어떤가요?

주변에서 다들 생성형 AI, 생성형 AI라고 말을 하는데, 사실 이게 얼마나 세상을 바꿀지는 모르겠습니다. X세대의 경우 아날로그 시대에 태어나서, 컴퓨터를 사용하는 디지털, 그리고 인터넷 시대도 겪어 봤는데, 그때는 무언가 시대의 충격적인 변화가 있었던 것 같아요. 컴퓨터가 집집마다 본격적으로 설치되기 시작했던 1995년 전후를 생각하면, 이제 컴퓨터 없으면 아무것도 할 수 없구나 하는 생각이었고, 인터넷이 집집마다 깔리던 1998년경에도 그 충격은 매우 컸습니다. 요즘 많은 사람들이 생성형 AI가 세상을 바꿀 것이라고 하지만 X세대 입장에서는 주변에 크게 변화가 없어서 그 영향력이 크지는 않다고 생각합니다.

저는 그렇게 생각하지 않습니다. 주변의 변화는 어마어마합니다. 저희 세대도 대학교 때 생성형 AI를 사용한 세대는 아니기 때문에 직장에서 처음 사용하기 시작했지만, 그 활용도는 무궁무진한 것 같습니다. 옛날 같으면 인터넷 서칭을 하고, 새롭게 보고서로 옮겨서 정리하고 하던 업무들이 이제 다 자동화되어서 업무 효율이 매우 높아졌습니다. 회사의 Z세대는 대부분 업무에 생성형 AI를 활용하고 있고, 의존도가 점점 높아지고 있어요.

Y세대 입장에서는 중간 정도입니다. 빨리 배워서 사용해야 한다는 생각은 드는데, 다른 것들에 비해 업무 우선순위가 떨어집니다. 왜냐하면, 생성형 AI가 없어도 기존 업무를 처리하는 데 크게 문제가 되지 않기 때문입니다. 물론 사용하면 좋겠지만, 회사일 대부분이 생성형 AI 없이도 할 수 있도록 프로세스가 구축되어 있어서, 사용하지 않아도 그렇게 많이 불편하지는 않습니다. 오히려 새롭게 배워야 하는 노력이 더 커져서, 망설이고 있는 상황입니다.

1995년 말 윈도우 95가 처음으로 등장했을 때, 새로운 세상이 열리고 있음을 직감했다. 그 전에도 가정용 개인 컴퓨터가 보급되었지만, 사용 면에서는 많은 한계가 있었다. 윈도우 95와 함께 펼쳐진 개인 컴퓨터 세상은 많은 것을 변화시켰다. 1997년에 집집마다 인터넷이 깔리기 시작할 때쯤 또 한 번 큰 변화를 맞이하게 된다. 불과 몇 년 만에 세상은 완전히 디지털 세상이 되었다. 그리고는 아날로그 세상은 저 먼 세상으로 멀리멀리 사라졌다. 그리고 2009년에 스마트폰이 등장하면서 세상은 디지털을 넘어 팜(palm) 시대로 급격하게 변화했다.

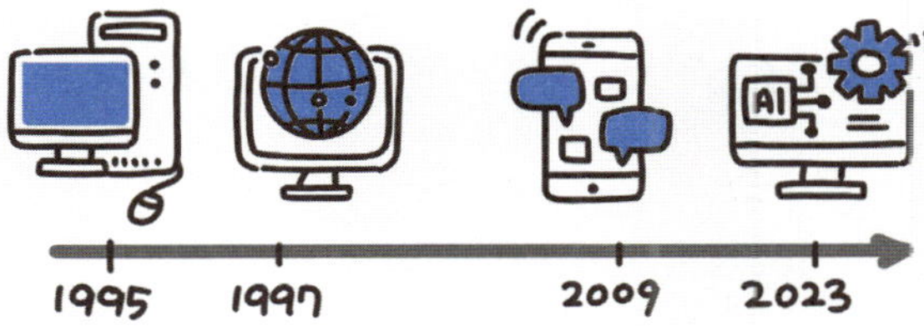

최근 생성형 AI는 우리의 삶도, 회사 업무도 많은 것을 바꾸고 있다. 하지만 개인 PC가 처음 도입되었을 때, 인터넷이 일상화되었을 때, OA(파워포인트/엑셀)가 직장 내에서 필수로 사용되기 시작했을 때도 기존에 없던 새로운 방식이었고, 적응하는 데 많은 시간이 걸렸다. 많은 직장인들은 빠르게 변화해서 업무에 적응했지만, 이러한 디지털 물결에 도태된 세대, 직장인도 존재했다. 현재 회사에서도 파워포인트/엑셀을 전혀 사용할지 모르면서 직장생활을 하고 있는 사람이 X세대에도 꽤 존재한다.

보고서 작성, 간단한 기획서 작성, 전략을 위한 조사 자료들을 만들 때 이제 생성형 AI는 필수 툴로 자리 잡고 있다. 기존의 업무 시간을 획기적으로 줄여 주고 있으며, 저연차 직원들이 생각해 내지 못할 수준의 완성도 높은 보고서와 분석 자료가 생성된다.

하지만 이러한 변화 속에서 각 세대들의 생각은 다소 다르고, 그 대처 방안도 다르다. 생성형 AI 시대에 이러한 세대 간 생각의 격차를 해소하지 않으면, 조직 내에서 다양한 혼돈이 지속될 것이다. 이러한 시점에서 각 세대별로 생성형 AI를 어떻게 인식하고 있는지, 어떻게 대처할 것인가에 대해 이야기를 듣고자 한다. 이러한 이야기 속에서 세대 간 다름의 간극도 줄어들고, 서로에 대한 이해를 통해 업무 협력도 강화될 것이다. 그러면 각 세대의 AI에 대한 생각을 들어 보자.

1.

X세대

: AI 리부팅, 관리와 효율성 중시

X세대는 1965년에서 1979년에 출생한 세대를 말한다. 앞에서 말한 것처럼 X세대는 아날로그 시대에서 태어나서 빠르면 중고등학교, 늦어도 대학교, 직장 초년생 때 디지털 변화를 직면하게 된다. 흔히 이들을 세대 관련 저서에서 디지털 이민자digital immigrant라고 한다. 디지털 이민자 중 대부분은 디지털 세상으로 이주를 성공했지만, 일부는 실패하고

결국 디지털 세상에서 아날로그인으로 살아간다. 그렇다면 최근 생성형 AI가 매일매일 변신을 거듭하고 있는데 그에 대한 X세대의 생각은 어떨까?

"현재 그렇게 급하지는 않지만, 장기적으로는 생성형 AI를 배워서 업무에 활용은 해야 한다고 생각합니다. 과거에 엑셀, 파워포인트를 사용하지 못하면 업무를 하기 어려워서, 2000년대 초반 신입사원 입사 전에 약 2주 이상 엑셀과 파워포인트만 배웠던 것이 기억납니다. 아마 빠른 시일 안에 생성형 AI에 대한 학습이 필수가 될 거라는 생각이 듭니다. 하지만 X세대에게 생성형 AI는 아직은 의문이 많은 존재입니다. 과연 업무에 도움이 될지, 아니면 잘못된 정보 제공으로 인해 업무에 방해가 될지 또는 후배 직원들이 생성형 AI를 통해 업무가 더 능숙해질지, 아니면 생성형 AI로 인해 더 나태해지고, 생각이 없어지는 것은 아닌지 아직까지는 어떤 결과가 일어날지 몰라 확신이 생기지 않습니다."

X세대가 경험한 회사 업무는 큰 변화가 몇 번 있었다. 최근 30년 동안 가장 큰 변화는 개인용 컴퓨터의 보급, 인터넷 확산, OA(사무자동화) 도입 등이다. 3가지 큰 변화는 업무 효율성을 극대화하는 데 많은 기여를 했다. 하지만 이러한 변화는 일자리를 늘어나게도 하고 줄어들게도 했다. 예를 들어, 개인용 컴퓨터가 보급되면서 미국에서만 450만 개의 일자리가 줄어들었고, 반대로 인터넷 및 스마트폰이 보급되면서 700만 개의 일자리가 창출되었다고 한다. 생성형 AI가 인간의 일자리

를 줄어들게 할지 창출하게 할지는 아직 모른다. 하지만 확실한 건 기존과는 완전히 다른 업무 환경과 방식이 자리 잡을 거란 것이다.

현재 파워포인트/엑셀/워드 등의 OA만큼은 한 번에 업무를 크게 변화시킨 건 아니어도 많은 업무에 생성형 AI 사용이 증가하고 있다. 그리고 그 증가 속도는 다른 어떤 변화보다 빠르게 진행되고 있다. 넷플릭스 서비스가 100만 사용자를 확보하는 데 3.5년이 걸렸는데, 챗GPT는 같은 수의 사용자를 확보하는 데 2022년에 5일밖에 걸리지 않았다. 지금도 다양한 생성형 AI 도구들이 매일 새로 생기고 있다. 현재 생성형 AI는 사무 업무에서 보고서를 작성하기 위한 자료 수집부터, 기획 보고서 작성, 현장 문제 해결을 위한 개선 보고서 등에 광범위하게 사용되고 있다. 그리고 각 직무 부서에서는 생성형 AI와 머신러닝을 활용한 예측 모델을 만들어 현장에서의 여러 가지 직무 문제를 해결하고 있다. 예를 들어, 구매 부서에서는 제품 생산을 위한 재고 등을 미리 생성형 AI를 통해 예측하고, 그에 따라 재고를 관리하는 등 다양한 영역에서 AI를 활용하고 있다. 이제 생성형 AI는 회사 모든 업무에 필수 도구로 활용될 것이다. 이러한 급격한 변화 속에서 각 세대가 생각하는 생성형 AI에 대한 인식을 좁혀가는 노력이 필요하다.

생성형 AI라는 큰 변화가 진행되고 있는 가운데, 각 세대마다 생성형 AI를 수용하는 정도도 확실히 다른 것 같다. X세대의 경우는 Y세대, Z세대보다 필요성 인식이나, 활용 면에서 더 소극적인 것 같다. 솔직히 X세대는 굳이 생성형 AI를 사용하지 않아도 되는 조직 내 위치에 있고, 실무진보다는 관리 업무를 하는 경우가 많아 그 필요성이 더 적은 것 같다. 그리고 앞 세대가 그랬듯이 필요하면 후배 직원들이 배우게 해서 시키면 된다는 생각도 있는 것 같다. 하지만 곧 생성형 AI의 업무 활용도가 높아질 것이므로, 어느 시점에는 학습하고 적극 활용해야 한다는 것에 대한 공감은 있는 것 같다. 즉, 속도, 시급성에 차이가 있을 뿐 그 중요도에 대해서는 다 동감을 하고 있다. 그렇기 때문에 X세대는 앞으로는 다른 세대들과 같이 생성형 AI의 조직 내 도입에 대해서 같이 고민하면서 그 도입 시기를 조정해 나가야 할 것이다.

요약하면, 조직 내에서 생성형 AI 도입에 대한 X세대 입장은 다음과 같다.

현재 X세대는 대부분 조직에서 임원을 하고 있거나, 팀장 등의 관리자 역할을 맡고 있다. 그래서 굳이 내가 AI를 하지 않아도 누군가 할 것이라는 생각을 많이 하고, 그다지 AI에 민감하게 대응하거나, 관심을 보이지는 않는다. 다만 다들 생성형 AI 이야기를 많이 하니까 무엇인지 궁금해서 이런저런 기능들을 써보기는 한다. 그런데 활용하는 정도는 다른 것 같다. 실무에서 약간 떨어져 있기 때문인지는 모르나 생성형 AI를 통해서는 가족사진을 지브리 스타일로 만든다든지, 옛날 아날로그 사진을 복원한다든지, 또는 회의 내용을 녹음해서 요약시키거나 하는 정도만 시험 삼아 해보는 것 같다. 이는 업무라기보다는 유행에 뒤처지지 않을 정도의 활용인 것이다.

X세대, 생성형 AI 앞에서 부팅하다

그러면 X세대는 앞으로 AI를 대하는 자세가 어떻게 변화해야 하는가? 앞에서 이야기한 것처럼 X세대는 한걸음 멀리 떨어져서 생성형 AI를 바라보고 있다. 하지만 이제부터는 소극적인 자세에서 벗어나 적극적으로 AI를 통해 '리부팅'해야 할 것이다.

X세대는 독특한 세대이다. 아날로그 감성과 디지털 기술을 모두 체험했고, PC 통신에서 스마트폰까지의 기술 진화를 전부 목격했다. 그렇기에 새로운 기술을 맞이할 때, 단순히 '처음 접하는 신기술'로 느끼지 않는다. 생성형 AI를 대할 때도 마찬가지이다. 그것은 낯선 신세계라기보다 여러 번의 업그레이드와 패치를 거쳐 온 인생이라는 새로운 OS(운영체계)를 설치하는 과정처럼 다가 올 것이다. 이제 X세대에게 필요한 것은 이 AI라는 강력한 OS를 자신의 시스템에 맞게 최적화하는 '리부팅'이다.

리부팅의 첫 단계는 회사 생활의 '재점검'이다. 지금까지의 경험과 지식을 재정의해야 한다. X세대는 오랜 시간 축적된 직관과 현장 감각을 가지고 있다. 하지만 AI 시대에는 그것만으로 충분하지 않다. 이제는 데이터 기반의 통찰을 함께 결합해야 한다. 과거의 '내가 알던 방식'에만 의존하지 않고, AI가 제안하는 방법을 실험하는 용기를 가져야 한다. 익숙함을 잠시 내려놓는 순간, 경험과 기술이 서로를 강화하는 새로운 조합이 나타난다.

두 번째 단계는 '업데이트'이다. AI 친화적인 생활과 업무 루틴을 설계해야 한다. 정보검색은 AI와의 대화형 탐색으로 바뀌고, 문서 작성은 AI 초안을 기반으로 인간이 다듬는 방식이 된다. 의사결정 역시 AI가 제시하는 다양한 시뮬레이션을 참고해 검증하는 방향으로 확장된다. AI를 단순한 '빠른 타자기'나 '검색 도우미'로 쓰는 것이 아니라, 문제 해결을 함께하는 파트너로 받아들이는 발상의 전환이 필요하다.

세 번째 단계는 '백업과 복원'이다. X세대가 가진 전문 지식과 노하우는 AI를 활용할 때의 기본 데이터셋이 된다. 동시에 AI가 잘못된 결과를 내놓았을 때, 원본 지식을 기반으로 교정할 수 있는 힘이 필요하다. 이 세대가 젊은 시절부터 익혀온 팩트 체크 습관과 '혹시 틀린 건 아닐까?' 하는 의심 본능은 AI의 오류를 걸러내는 중요한 필터가 된다. 이 역할은 X세대가 가장 잘할 수 있는 영역이다.

네 번째 단계는 '통합'이다. AI 문해력을 갖추고, 프롬프트 엔지니어링을 익히며, 텍스트뿐 아니라 이미지·음성·데이터 분석 등 멀티모달 기능을 활용하는 것이다. 다양한 AI 플랫폼의 장단점을 이해하고, 상황에 맞는 도구를 선택하는 능력은 곧 AI 시대의 생존력이다.

마지막 단계는 '리부팅' 모드이다. X세대는 MZ세대의 기술 친화성과 베이비붐 세대의 경험 중심성 사이를 연결하는 중간 역할을 할 수 있다. AI 활용법을 아직 조직 내 남아 있는 베이비붐 세대와 지속적으로 유입되는 Z세대의 양쪽 세대의 언어로 번역하고 조율함으로써, 조직이나 사회에서 AI 전환 속도를 높일 수 있다. 스스로를 '뒤늦게 AI에 적응하는 사람'이 아니라, 'AI 세대와 함께 성장하는 안내자'로 인식하는 순간, X세대는 AI 시대의 새롭게 업그레이드된 운영체제가 된다.

결국, X세대에게 생성형 AI는 단순한 도구가 아니다. 기존의 경험을 데이터와 결합하고, 업무와 생활을 재설계하며, 세대를 잇는 새로운 OS로 거듭나게 하는 리부팅 버튼이다. 이 버튼을 누를 준비가 된 사람만이, AI 시대에 자신만의 안정적이고도 강력한 시스템을 구축할 수 있다.

모든 업무 방식과 조직문화는 세대별 차이가 있다. 그런데 중요한 건 차이가 아니라 각 세대가 같이 해내는 성과 그리고 협업이 중요할 것이다. 각 세대가 AI를 활용한 업무를 통해 협업하고, 조직의 성과를 같이 이끌어 내려면, 우선은 서로의 대한 이해가 필요하다. Z세대 입장에서는 업무 혁신에 관심 없는 윗세대가 이해가 안 갈 것이고, X세대 입장에서는 다 시간이 필요한데 준비도 없이, 기준도 만들지 않고 성급하게 도입하려고 하는 아래 세대가 이해가 안 될 것이다. 그 중간에서 Y세대는 어느 세대를 따를 것인가 고민에 싸여 있을 것이다. 이런 가운데에서 X세대는 연륜과 경험, 전문지식을 바탕으로 한 AI 리부팅의 중심이 되어야 한다.

2.

Y세대

: 낀 세대 Y의 AI 적응기

1980년부터 1994년 사이에 태어난 Y세대는 정보통신기술의 급속한 발전과 세계화라는 시대적 흐름 속에서 성장했다. 이들은 현재 조직 내에서 주로 중간 관리자나 주무 팀원의 역할을 수행하며, 위로는 X세대와 아래로는 Z세대 사이의 제대로 '낀 세대'로서 혹독한 위치와 역할을 맡고 있다. Y세대는 과거 세대와는 다르게 일에 대한 태도와 가치관에서 혁신적인 변화를 보여주었다. 무엇보다 이들은 '일과 삶의 균형work-life balance'을 무엇보다 중요하게 생각한 세대로 이전 세대가 직무 또는 조직에 대한 절대적 충성도를 보였던 것과 달리, 주어진 만큼의 업무를 충실히 수행하면서도 자신의 삶을 온전히 보장받으려는 태도를 지녔다. 그렇기에 정해진 근로시간 안에서 효율적으로 일하기를 원하며, 단순 반복적인 업무보다는 명확한 결과물이 도출되는 의미 있고 주인 의식이 강한 업무에 높은 몰입도를 보인다.

하지만 이 같은 가치관은 조직 내에서 여러 과제를 낳는다. 이제 Y세대는 중간 관리자로서 위로는 상위 리더와 경영진을 따르며, 동시에 후배 구성원인 Z세대 사이에서 '허리' 역할을 수행하고 있다. 그런데 허리가 휘고 있다. 스스로의 워라밸을 포기하지 않으면 이 허리 역할을 제대로 수행하지 못하는데, 생각만큼 Z세대가 비협조적으로 느껴진다. 여기에 양쪽의 요구와 가치 충돌을 조율해야 하는 부담까지 지게 된다. 윗세대의 전통적 조직문화와 하위 세대의 혁신적이고 빠른 의사소통 요구 사이에서 균형을 맞춰야 하므로, 업무량과 스트레스도 상당히 높다. 결국 Y세대는 기존의 방식이 아닌 완전히 새로운 형태의 리더십을 필요로 한다. 조직 내부적으로는 실무 관리뿐 아니라 소통과 갈등 조정, 피드백 문화 확산 등 다중적인 역할 수행이 필요한 상황이며, 초개인화된 Z세대를 이끄는 방식 또한 무한한 개별성을 요구하기에 과중한 업무 부담에 더해 리더십 역량 강화를 위한 체계적인 지원의 필요성이 꾸준히 제기되고 있다.

디지털 및 AI 기술 수용 측면에서도 Y세대는 독특한 위치에 존재한다. 이들은 비교적 디지털 환경에 자연스럽게 적응하며, 업무 자동화,

하이브리드 근무 체계, 유연 근무 제도에 대한 저항감이 적은 편이다. 그럼에도 불구하고 AI 혹은 생성형 AI 활용도와 수용 의도는 아래 세대인 Z세대보다 다소 낮은 점이 관찰된다. 홍콩대학교 연구(2024)와 딜로이트 글로벌 MZ세대 서베이(2025)에 따르면, Z세대는 생성형 AI를 적극적으로 도입해 업무 생산성을 제고하는 반면, Y세대는 기술의 편리성에 긍정적인 동시에 윤리 문제, 과도한 의존 가능성, 그리고 인간 간 상호작용 감소에 대한 우려를 함께 가지고 있어 신중한 태도를 보인다. 먼저 조직생활을 경험한 Y가 가진 암묵적인 지식과 경험, 업무의 전문성과 특수성까지 AI가 모두 커버하지는 못하기 때문이다.

이처럼 Y세대는 조직 내에서 '낀 세대'로서의 고유한 성장 동력과 한계를 동시에 갖고 있다. 융합적 시각과 수평적 의사소통 능력, 빠른 변화 적응력은 조직 내 혁신과 성숙한 문화 형성의 기반이 된다. 자기 개발과 창의성, 협업에 강한 관심을 보이며, 조직 내에서 중추 역할을 할 역량과 잠재력이 충분하다(이혜정·유규창, 2013). 다만 중간 관리자로서의 직무 스트레스와 번아웃 위험, AI 및 최첨단 기술 수용에서의 간극, 그리고 조직 내 세대 간 가치관 충돌은 여전히 해결해야 할 중요한 과제로 남아 있다.

Y세대의 AI = 생산성 도구

Y세대는 우선 AI를 업무 효율성 향상과 자기 개발, 협업 증진을 위

해 전략적으로 활용하는 특징을 보인다. 특히 반복적이고 단순한 업무들을 AI 자동화 도구에 맡김으로써 본연의 창의적이고 고도의 의사결정이 필요한 업무에 집중하는 편이다. 챗GPT, 제미나이Gemini, 코파일럿Copilot 같은 생성형 AI를 통해 문서의 뼈대를 작성하거나, 네이버 클로바노트 등의 도구를 활용한 회의록 정리, AI의 커스텀(GPT S)을 통한 일정 및 루틴 관리 등 다양한 업무와 생활에서 도움을 받고 있다. 이처럼 실제로 많은 Y세대 직장인들이 이메일이나 보고서, 프레젠테이션 초안 작성 시간을 획기적으로 단축하고, 필요한 자료 검색과 정보 요약을 신속히 처리하는 데 AI를 적극 활용하고 있다(제일매거진, 2024).

또한 데이터 분석과 프로젝트 관리 분야에서도 AI의 활용도가 꾸준히 증가하고 있다. 딜로이트 글로벌 MZ세대 서베이(2025)에 따르면, 밀레니얼 세대 중 42%가 데이터 분석에, 약 34%가 프로젝트 관리 업무에 생성형 AI를 적극 도입해 업무의 질과 속도를 향상시키고 있다고 한다. AI는 복잡한 데이터 처리와 반복 작업을 대신 수행함으로써 Y세대가 보다 전략적이고 창의적인 의사결정에 집중할 수 있도록 도와준다. 또한 AI는 팀 내 협업과 커뮤니케이션에서도 중요한 보조 수단이다. 챗봇과 AI 기반 협업 툴은 빠른 의사소통과 정보 공유를 가능하게 하여, 조직 내 효율성을 높이고 있다. 특히 중간 관리자 역할이 많은 Y세대는 AI 에이전트를 활용해 소통과 업무 조율을 자동화하고, 개인별 맞춤형 피드백과 성과 모니터링에 AI를 활용하는 사례도 늘어나고 있다. AI는 개인별 업무 스타일과 강점에 맞춰 맞춤형 업무 환경을 제공하며, 워라밸work-life balance을 실현하는 데 도움을 준다(이더리언스, 2025).

Y세대를 위한 새로운 역할 = 중재자

이제 Y세대는 AI에 대한 기본적인 이해, 즉 AI 리터러시를 갖추는 것이 필수가 되었다. 그리고 동시에 단순한 코딩 기술이 아닌, AI가 제안하는 판단과 결과가 어디서 비롯되었고 어떤 맥락과 한계를 지니는지를 객관적이고 비판적으로 질문할 수 있는 능력이 더해져야 한다.

예를 들어, AI가 특정 의사결정이나 추천을 할 때 "이 데이터는 어떤 출처와 경로로 수집되었는가?", "우리 조직의 핵심가치와 부합하는가?", "지금 조직과 팀 상황에 적합한 판단인가?" 등의 비판적 질문을 스스로 묻고 동시에 해석할 줄 알아야 한다. 이는 AI가 제공하는 정보를 맹목적으로 수용하지 않고, 인간적 가치와 윤리적 기준에 맞게 활용하기 위한 Y세대의 필수 조건이다.

더불어 중간 관리자이자 주무 팀원인 Y세대는 빠르게 변화하는 디지털 환경 속에서 다양한 이해관계자와 소통하고, 조직 내 복잡다단한 맥락을 해석하며, AI가 제공하는 데이터와 통찰력을 바탕으로 전략적인 의사결정을 내려야 한다. AI가 자동화와 예측 분석 등 기능을 제공함에도 불구하고, 최종 판단과 책임은 여전히 인간에게 있기 때문에, 복잡성 탐색 능력과 윤리적 직관을 함께 갖추어야 한다. 예를 들어, AI 결과가 누구에게 이익이 되고 누구에게 불리할 수 있는지, 데이터가 놓치고 있는 맥락은 없는지 지속적으로 질문하며 균형을 잡아야 한다.

아울러, AI는 Y세대에 있어 단순한 생산성 도구뿐만 아니라, 개인과 팀의 성과 관리, 맞춤형 피드백 제공 등 리더십 역할 수행에 필요한 보조 역할을 지원받을 수 있다. Y세대 리더들은 우선 AI 기반 협업 도구, 챗봇, 데이터 분석 솔루션 등을 활용해 업무 효율성을 끌어올리고, 동시에 자신과 조직원들의 강점과 약점을 데이터로 파악하며 성장 전략을 세우는 데 AI의 도움을 받는 것도 가능하다. 모든 분야에 적용할 수는 없겠지만 어디까지나 업무와 리더십 도구로서 적절히 활용한다면 중간 관리자로서 많은 과업과 역할을 동시에 해결할 수 있을 것이다.

한편, AI를 통해 얼마만큼 생산성을 높일 것인가도 중요한 문제이지만, AI의 활용 측면에서 과도한 의존과 자칫 단순한 기술에만 치중하는 위험도 동시에 경계해야 한다. 지나친 신뢰와 과의존은 우리로 하여금 스스로 AI보다 못한 인간이 되도록 만들어 버린다. 이를 예방하기 위해서는 인간과 AI의 역할 및 한계를 명확히 구분하고, 기술이 미치지 못하는 부분에 대한 섬세한 감성과 직관을 꾸준하게 유지하는 수밖에 없다. 현실 조직의 대부분의 문제는 텍스트로 담기 어려운 민감한 정보들, 단순한 정보의 나열이 아닌 조직, 업무, 사람이 가지고 있는 복잡한 맥락들이 서로 얽혀 만들어지기 때문에 단순한 직관보다 수준이 떨어지는 AI의 답변과 마주하기 쉽다. 또한 AI가 제시하는 분석이 논리적이고 합리적이라 할지라도 조직의 가치와 문화를 해치지 않도록 윤리적 기준을 세우고 지속적으로 검증하는 역할도 리더 또는 주무 팀원으로서 Y세대의 몫이다.

3.

Z세대

: AI 플레이메이커, 새 판을 짜는 세대

Z세대를 한 문장으로 설명하자면, 이렇게 말하고 싶다.
"우린, 규칙이 없으면 만들고, 있으면 바꾼다."

신입사원 시절, 필자는 회사라는 곳이 이미 정해진 규칙과 절차로 돌아가는 세계라 생각했다. 회의, 보고서, 결재, 매뉴얼대로 따라가는 게 '어른'이 되는 과정이라 믿었다. 그런데 AI를 쓰기 시작한 순간, 그 틀이 허물어졌다. AI는 나에게 '꼭 이렇게 해야 한다'는 전제를 깨뜨렸다. 보고서 형식도, 회의 준비 방법도, 아이디어 발굴 방식도 달라졌다. 처음에는 단순히 편리해서 썼다. 데이터를 정리하고, 문장을 다듬고, 이미지를 만들 때 '손이 빨라지는' 도구로 말이다. 그런데 어느 날, 필자가 하고 있는 게 단순히 '기존 방식을 빠르게 따라가는 것'이 아니라 아예 새 판을 짜고 있다는 사실을 깨달았다.

Z세대의 플레이 방식 : 속도, 형식 파괴, 협업 재설계

첫 번째 무기 : 속도

아이디어가 떠오르면 바로 AI를 켠다. 회의 전날 밤에 스친 생각이 다음날 아침에는 기획안 초안이 되어 있다. 이 속도는 시간을 절약하는 것에 그치지 않는다. 아이디어가 '언젠가 하면 좋겠다'에서 '지금 하자'로 변하는 순간, 기회는 훨씬 높은 확률로 현실이 된다.

두 번째 무기 : 형식 파괴

X세대가 구조를 지키고, Y세대가 조화를 지킨다면, Z세대는 "꼭 이 형식이어야 하나?"라는 질문을 던진다. 보고서 대신 인터랙티브 웹페이지, 프레젠테이션 대신 짧은 영상. AI 덕분에 이런 '탈脫형식' 시도가 가능해졌다. 전문가의 손을 빌리면 몇 주 걸릴 일을, AI와 함께 하루 만

에 테스트할 수 있다.

세 번째 무기 : 협업 재설계

Z세대의 협업은 '각자 맡은 걸 모아 합치는 방식'이 아니다. AI를 가운데 두고, 팀이 같은 화면을 보며 실시간으로 수정하고 변형한다. 마케팅팀이 카피를 AI로 만들면, 디자인팀은 즉시 이미지 프롬프트를 던지고, 기획팀은 동시에 자료를 다듬는다. '우리'가 함께 만든 것으로, '내 것'이라는 경계가 사라진다.

의존이 아니라 플레이한다

AI 활용에 대해 윗세대는 종종 이렇게 걱정한다.
"Z세대는 AI 없으면 아무것도 못 하는 거 아니야?"

하지만 우리는 의존하는 게 아니라 플레이한다. AI는 경기장의 모든 포지션을 맡는 '만능선수'가 아니다. 우리는 경기 흐름을 읽고, 필요한 순간에 AI라는 패스를 준다. 그 패스가 잘만 맞으면, 우리는 상상 이상으로 많은 골을 만들어 낼 수 있다. 이건 운이 아니라, 잘 설계된 플레이에서 나오는 결과이다.

실패에서 배운 AI 플레이

물론, 첫 판부터 완벽하진 않았다. 몇 달 전, 사내 행사 공지문을 만들 때의 일이다.

"신입 환영회 안내문을 경쾌하고 즐겁게, 이모지 많이 써서 작성해줘."

AI는 순식간에 알록달록한 문장과 이모지를 잔뜩 넣은 공지문을 만들어줬다. 필자는 거의 수정 없이 사내 메신저에 올렸다. Z세대 동료들은 "귀엽다", "좋다"라고 반응했지만, 임원 중 한 명은 "공지문이 장난 같아 보인다."는 피드백을 줬다. 그제야 깨달았다. 필자는 AI에게 원하는 분위기를 설명하긴 했지만, 대상과 조직문화라는 중요한 맥락을 빠뜨린 것이다.

그 후 프롬프트는 이렇게 달라졌다.

"대상은 전 직원. 공식 행사이지만 경직되지는 않게. 경영진도 부담 없이 받아들일 수 있는 편안한 톤으로. 이모지는 2개 이하 사용. 핵심 정보(일시, 장소, 드레스 코드)는 한눈에 보이게."

같은 AI, 같은 주제지만 결과물은 완전히 달라졌다. 경영진부터 신입 사원까지 모두가 '좋다'고 할 수 있는 문장이 나왔다. AI를 '그냥 쓰는 것'과 '맥락을 포함해 쓰는 것'의 차이를 몸으로 배운 순간이었다.

플레이메이커로 산다는 것

플레이메이커는 혼자서 경기를 이기지 않는다. 대신 흐름을 읽고, 필요한 순간에 패스를 준다. Z세대의 AI 활용도 그렇다. AI를 도구로 쓰는 데 그치지 않고, 사람과 사람 사이를 연결하며 새로운 흐름을 만든다. 한 번 새 판을 짜본 사람은 예전 방식으로 돌아가기 어렵다. 이 판 위에서는 나이도, 직급도, 경력도 잠시 잊혀진다. 중요한 건 '누가 아이디어를 먼저 꺼냈고, 그걸 얼마나 빨리 실현했느냐'이다.

Z세대의 AI 생존 방정식

X세대가 안정화하고, Y세대가 연결한다면, Z세대는 창조한다. 속도, 형식 파괴, 협업 재설계, 이 세 가지 무기는 AI라는 도구를 만나 우리의 근무 현장을 완전히 새롭게 만든다. 다만, 판을 바꾸는 데는 책임도 따라온다. AI가 만든 결과물의 품질을 검증하는 건 여전히 사람의 몫이다. 멋지게 만든 새 판이 허술한 경기장이 되지 않도록, 마지막 점검은 내 손으로 한다. 아마 앞으로 새로운 기술이 나올 때마다 나는 다시 이렇게 물을 것이다.

"이걸로 새 판을 짤 수 있을까?"

그리고 그 대답은 아마도 늘 똑같을 것이다.

"해보자."

4.

XYZ세대 AI 생존 방정식

: X는 안정화한다, Y는 연결한다, Z는 창조한다 (세대를 가로지르는 AI 공동 사용 설명서)

AI 시대는 어느 한 세대만의 전유물이 아니다. 기술은 세대의 벽을 가볍게 넘어, 전혀 다른 성장 배경을 가진 사람들을 하나의 흐름으로 묶는 역할을 한다. 그 흐름 속에서 각 세대는 서로 다른 도구와 언어를 가지고 AI를 다룬다.

"X세대는 안정화한다. Y세대는 연결한다. Z세대는 창조한다."

이 단순한 문장은, 세대를 가로지르는 AI 협업의 핵심을 압축한 공식이다.

X세대–디지털 이민(immigrant) 세대 : 안정화

X세대는 변화의 속도가 빨라지기 전과 후를 모두 경험했다. 아날로그 감성과 디지털 기술의 장단을 모두 체득했기에, 새로운 도구를 쓸 때 가장 먼저 떠오르는 질문은 "이걸 어떻게 안정적으로 정착시킬까?"이다. 그래서 AI를 마주할 때, 그들은 자연스럽게 '안정화'의 역할에서 그 역량을 최대로 발휘할 수 있다.

사례

한 서비스 기업의 X세대 50대 팀장은 챗GPT를 팀 보고서 작성에 도입했다. 하지만 그대로 쓰지 않았다. AI가 작성한 문장을 하나하나 검증하며, 오탈자를 고치고, 업계 규정에 맞는 용어로 교정했다. 그 결과 보고서 작성 시간이 절반으로 줄었을 뿐 아니라, AI가 만든 자료에 현장 경험이 녹아든 '신뢰도 높은 문서'가 완성됐다. 그는 AI를 무조건 믿지도, 무시하지도 않는다. 대신, 검증·교정·표준화라는 관리 과정을 거쳐 AI를 조직의 일상에 안전하게 녹여냈다. X세대의 이런 태도 덕분에, AI는 단순한 실험 도구를 넘어, 장기적으로 쓸 수 있는 안정적인 시스템 자산이 된다.

Y세대-디지털 네이티브(native) 세대 : 연결

Y세대는 디지털 시대 인터넷이 생활 깊숙이 들어오던 시기에 직장생활을 시작했다. 정보검색, SNS, 모바일 협업 툴을 자연스럽게 활용한다. 즉, '연결'의 힘을 본능적으로 이해한다. AI 시대에도 그들의 강점은 그대로 발휘될 수 있다.

사례

한 마케팅 스타트업의 Y세대 40대 팀장은 미드저니(Mmid journey)로 만든 이미지와 챗GPT로 작성한 카피를 인스타그램 광고 캠페인에 연결했다. 그는 단순히 이미지와 문장을 만드는 데서 멈추지 않았다. 고객 데이터 분석 결과를 AI에 입력해 '개인 맞춤형 메시지'를 만들고, 이를 SNS 자동 발송 툴과 연동했다. 결과적으로, 광고 반응률은 이전보다 1.8배 상승했고, 타깃 고객과의 상호작용이 활발해졌다. Y세대의 장점은 AI의 산출물을 '고립된 결과물'로 두지 않는 데 있다. 그들은 데이터, 플랫폼, 사람을 연결해 AI를 흐르게 만드는 배관공의 역할을 할 것이다.

Z세대-손바닥(palm) 네이티브 세대 : 창조

Z세대는 태어날 때부터 손 안에 인터넷과 스마트폰이 있었다. 디지털은 그들에게 별도의 기술이 아니라 몸의 일부이다. AI를 처음 접했을 때도 '학습'이 아니라 '실험'이 먼저이다.

사례

20대 후반 Z세대 직장인은 생성형 AI를 활용해 'AI 기반 인터랙티브 동화책'을 제작했다. 그는 퇴근 후에도 경제활동을 하는 이른바 임플로이언서(Employee + Influencer)이다. 챗GPT로 줄거리를 만들고, DALL·E로 장면 이미지를 생성한 뒤, 이를 앱으로 묶어 사용자가 선택에 따라 이야기가 달라지도록 구현했다. 이 프로젝트는 개인적으로 하는 소설가로서의 활동이지만, SNS에서 입소문을 타고 실제 출판사와 계약까지 이어졌다. Z세대에게 AI는 단순한 도구가 아니라, 새로운 장르를 창조하는 동반자이다. 그들은 틀에 얽매이지 않고, "이게 가능할까?"라는 질문보다 "한 번 해보자"가 먼저 나온다. 그래서 기존 세대가 생각하지 못한 AI 활용법이 그들의 손에서 탄생한다.

세대를 잇는 AI 공동 사용 설명서

AI를 가장 효과적으로 쓰는 방법은, 세대별 장점을 결합하는 것이다. X세대가 품질과 신뢰성을 안정화시키고, Y세대가 사람과 플랫폼을 연결하며, Z세대가 새로운 가능성을 창조한다면, AI는 단순한 툴을 넘어 세대를 묶는 협력 인프라가 된다. 마치 오케스트라가 서로 다른 악기를 조율해 하나의 음악을 만드는 것처럼, AI 시대의 성과도 세대별 역할이 조화를 이룰 때 극대화된다. 기계는 점점 똑똑해질 것이다. 그러나 그 기계가 사람의 언어를 배우고, 사회 속에서 기능하며, 새로운 문화를 만드는 과정은 여전히 사람의 몫이다. 그리고 그 사람들은 서로 다른 세대에서 온 팀원들이다.

"X는 안정화한다. Y는 연결한다. Z는 창조한다."

이것이 우리가 세대를 가로질러 함께 써 내려가는 AI 시대의 공동 사용 설명서이다.

AI 업무 도구 30선(무료/유료)

1. AI 업무 도구 30선

X세대 : 관리·의사결정·안정화

주 역할 : 데이터 기반 의사결정, 방향성 결정, 품질 검증·표준화, 팀 코칭

유료 AI 툴(5개)

1. ChatGPT Plus
: 전략·보고서 작성
(chat.openai.com)

2. Grammarly Premium
: 문서 교정·비즈톤
(grammarly.com)

3. Beautiful.ai
: PPT 자동 생성
(beautiful.ai)

4. Murf.ai
: 음성·더빙 제작
(murf.ai)

5. Perplexity Pro
: 검색·요약
(perplexity.ai)

무료 AI 툴(5개)

1. Google Gemini(Free)
: 기획·아이디어
(gemini.google.com)

2. Canva
: 보고서·인포그래픽
(canva.com)

3. Otter.ai(Free)
: 회의 녹취·요약
(otter.ai)

4. ChatDOC
: 문서 Q&A 분석
(chatdoc.com)

5. Notion AI(Free)
: 매뉴얼·회의록
(notion.so)

협업

Y세대 : 브릿지·협업·연결

주 역할 : 자료 검토·수정, 팀 피드백, 협업 최적화, 멀티태스킹

유료 AI 툴(5개)

1. ChatGPT Plus
: 피드백·응대 스크립트
(chat.openai.com)

2. Jasper.ai
: 광고·카피 생성
(jasper.ai)

3. Midjourney
: 이미지 제작
(midjourney.com)

4. ClickUp AI
: 프로젝트 관리, 자동화
(clickup.com)

5. Typeform
: 설문·분석
(typeform.com)

무료 AI 툴(5개)

1. Tome
: PPT 자동 작성
(tome.app)

2. Google Gemini(Free)
: 아이디어·안건
(gemini.google.com)

3. Canva
: 협업 디자인
(canva.com)

4. Notion AI(Free)
: 프로젝트 협업
(notion.so)

5. Trello + AI Power-up
: 업무 보드·자동 작업
(trello.com)

Z

실무

Z세대 : 실무·창조·문제 해결

주 역할 : 자료 수집, 보고서 작성, 창의적 문제 해결, 콘텐츠 제작

유료 AI 툴(5개)

1. ChatGPT Plus
: 보고서 작성, 아이디어
(chat.openai.com)

2. Notion AI Pro
: 문서·데이터 자동화
(notion.so)

3. Midjourney
: 콘텐츠 제작
(midjourney.com)

4. Synthesia
: AI 영상
(synthesia.io)

5. Runway ML
: 영상 편집·합성
(runwayml.com)

무료 AI 툴(5개)

1. Perplexity AI(Free)
: 자료 조사·인용
(perplexity.ai)

2. Canva
: 인포그래픽·콘텐츠 제작
(canva.com)

3. Gamma.app
: 보고서·프레젠테이션 성성
(gamma.app)

4. ChatDOC
: 문서 분석 보조
(chatdoc.com)

5. Slidesgo
: PPT 템플릿
(slidesgo.com)

2. 세대 불변 AI 툴 TOP 5

ChatGPT Plus (GPT-4)
기획·전략·문서 작성·문제 해결

Perplexity AI (Free)
자료 조사·인용 포함 답변

Google Gemini (Free)
아이디어·데이터 요약·브레인스토밍

Notion AI
문서 작성·정리·자동화

Canva
보고서·프레잰테이션·SNS 콘텐츠 제작

Notden AI
문서 작성·정리·자동화

Chapter

2

세대별 소통 코드, AI가 통역해 드립니다

사람과의 소통도 쉽지 않은데, 이제는 AI와의 소통까지 배워야 하는 시대이다. 회의실에서는 세대 차이로 말투가 어긋나고, 메신저에서는 이모지 하나에도 해석이 갈린다. 여기에 AI까지 등장하면서 흥미로운 현상이 나타났다. AI와 대화할 때도 세대별 소통 코드가 고스란히 드러난다는 것이다.

불과 몇 년 전만 해도 소통의 무대는 사람뿐이었다. 자료는 동료 자리로 직접 가서 묻고, 보고서는 손으로 처음부터 끝까지 작성했다. 하지만 지금은 다르다. 아젠다 추천, 초안 작성, 문장 다듬기까지 AI가 깊숙이 들어왔다. AI는 단순한 도구가 아니라 또 하나의 동료가 되었다.

X세대는 데이터와 구조를 먼저 챙긴다.
Y세대는 분위기와 공감을 중요하게 여긴다.
Z세대는 속도와 편안함을 우선시한다.

이 차이를 이해하면 협업의 간극이 줄어든다. 예전에는 "왜 이렇게 장황하지?", "왜 이렇게 짧지?"라며 의아해했다면, 이제는 "아, 그 세대의 방식이구나." 하고 곧바로 이해할 수 있다. 그리고 AI는 이 차이를 번역하고 연결해 주는 도구가 된다.

이 장에서는 세대별 소통 코드를 AI 시대라는 새로운 무대 위에서 살펴본다. 프롬프트라는 언어, 세대별 표현 방식, 회의와 보고에서의 활용법, 그리고 세대 간 협업 언어 만들기까지. 핵심은 단순히 말을 잘하는 것이 아니라, 세대와 세대를 'AI를 통해 번역하고 연결하는 능력'이다.

1.

텍스트 중심에서 프롬프트 중심 소통으로

우리는 언제부터 프롬프트를 쓰게 됐을까?

AI가 없던 시절, 회사에서 소통의 기본은 '텍스트'였다. 문자, 이메일, 메신저로 글자를 보내고, 거기에 필요한 첨부 파일을 달았다. 모든 지시는 문장으로 오갔다.

"자료 준비하세요.", "이거 수정해서 보내주세요."와 같은 짧은 메시지가 일상을 채웠다.

그런데 이 방식은 정보 전달의 출발점이 '사람'이라는 전제가 깔려 있었다. 사람끼리는 같은 문장이라도 맥락과 표정, 이전 대화를 통해 의미를 보완할 수 있다. 예를 들어, "회의 준비하세요."라는 말은, 전날 상사의 얼굴 표정이나 회의의 성격을 알고 있으면 협조 요청일 수도, 재촉일 수도, 심지어 농담일 수도 있었다. 텍스트만으로는 불충분했고, 나머지는 맥락(콘텍스트)이 채웠다.

이게 바로 텍스트 중심 소통의 특징이었다. 글자가 주인공이지만, 그 글자가 정확히 전달되려면 관계와 경험이 함께 작동해야 했다. 장점은 기록이 남는다는 것, 단점은 맥락이 빠지면 오해가 쉽게 생긴다는 것이다. X세대는 이런 방식에서 논리와 구조를 중시했고, Y세대는 톤 앤 매너를 보완해 사용했다. Z세대에게는 이 방식을 당연하게 배웠지만, 동시에 답답함도 느낄 수 있다.

프롬프트 중심 소통의 시대

AI가 등장하면서 이 질서가 바뀌었다. AI는 사람처럼 눈치나 맥락을 읽어주는 존재가 아니다. 우리가 무엇을 원하는지, 어떤 형식으로 필요한지, 세세하게 알려줘야 한다. 그 한 줄의 지시문이 곧 프롬프트다. 프롬프트 중심 소통은 명확성과 구체성을 핵심으로 한다. "회의 자료 만들어줘" 대신 "다음 주 마케팅팀 회의 자료를 만들어줘. 목표는 SNS 광고 성과 분석이고, 대상은 팀장과 팀원 10명. 10분 발표 분량, 표와 그래프 포함." 이렇게 써야 원하는 결과가 나온다.

과거 텍스트 중심 소통이 '맥락이 있으면 모호해도 되는 방식'이었다면, 프롬프트 중심 소통은 '맥락 없이도 이해할 수 있도록 구체적으로 써야 하는 방식'이다. 다시 말해, AI 시대에는 글자 하나하나가 지시이자 설계도가 된다.

업무 현장에서 느낀 차이

아침 9시. 출근하자마자 컴퓨터를 켰다. 전원이 켜지기도 전에 메신저 알림이 울린다. 메일함에는 '○○ 보고서 작성', '○○ 프로젝트 기획안 검토' 같은 제목이 줄줄이 대기 중이었다. 커피는 아직도 캡슐 속에 있고, 머릿속은 벌써 '오늘은 몇 시에 퇴근할 수 있을까?' 계산기를 두드린다. 첫 번째로 해야 할 건 자료 찾기였다. 팀 채팅방에 "혹시 ○○ 자료 있으신가요?"라고 메시지를 남겼다. 읽음 7까지 순식간에 찍혔지만, 채팅창은 고요했다. 그 조용함이 오히려 확실한 대답 같았다. 네, 아무도 모릅니다.

공용 서버에 접속해 폴더를 뒤졌다. '최종본', '최종수정', '진짜최종' … 제목은 멋있지만, 열어보면 대부분 작년 버전이었다. 혹시 몰라 선배 자리로 가서 물었다.

"선배, 이 자료 어디에 있나요?"

"아, 그거? 제 개인 폴더에 있을 텐데, 지금은 접속이 안 돼서 바로 확인이 어려워요."

그 순간 속으로 중얼거렸다. '오늘 오전은 끝났다.'

자료를 간신히 확보해도 일이 끝난 게 아니었다. 관련 법규, 최신 트렌드, 통계 수치를 하나하나 찾아서 엑셀에 옮겼다. 표와 그래프를 만들고, 문장을 다듬고, 맞춤법 검사기를 돌리고 나니 어느새 퇴근 시간.

AI와 함께하는 현재

지금은 같은 요청이 와도 출발이 다르다. AI를 켜고 요청 내용을 분석한 뒤 이렇게 입력한다.

"○○ 프로젝트 보고서를 작성해줘. 최신 데이터와 사례를 포함하고, 표와 그래프도 넣어줘. 분량은 3페이지."

몇 분 뒤, 뼈대와 내용이 갖춰진 초안이 도착한다. 남은 시간에는 내가 직접 경험한 현장 사례를 더하고, 문장을 다듬는다. 결과물은 '형식 맞춘 글'에서 '전략이 담긴 글'로 진화한다.

AI가 잘못 해석한 프롬프트

AI와 처음 대화할 때 가장 놀란 것은 내가 던진 말이 그대로 '문자'로 해석된다는 점이었다.

사람 같으면 눈치껏 이해할 말도, AI는 정말 1도 안 빼고 직역한다.

너무 솔직한 보고서

나 : "팀장님이 감동할 수 있게 보고서 결론을 써줘."

AI : "팀장님, 저는 이 보고서를 준비하며 팀장님의 리더십에 깊은 감동을 받았습니다."

(아니, 내가 감동받은 건데 왜 AI가 고백하냐고!)

비주얼 과잉

나 : "표와 그래프를 예쁘게 넣어줘."

AI : (진짜 예쁘게) 파스텔톤 꽃무늬 배경에 데이터 그래프 삽입

(팀장님이 '이건 무슨 결혼 청첩장이냐?'라고 하셨다.)

친근함 과다

나 : “편안하게 읽히게 써줘.”

AI : “자, 다들 모이셨죠? 오늘은 제가 준비한 자료를 편하게 풀어드릴게요~”

(회의실에서 읽다가 순간 ‘유튜브 각 잡았나?’ 싶었다.)

과도한 트렌드 반영

나 : “젊은 느낌으로 표현해줘.”

AI : “이건 완전 미쳤다… ㄹㅇ 레전드…”

(… 이걸 X세대 상사에게 보고서로 올릴 뻔했다.)

왜 이런 일이 생길까? 이 모든 건 프롬프트의 구체성 부족 때문이다. 사람에게 “예쁘게 해줘.”라고 하면, 상대방이 나의 취향이나 상황을 어느 정도 감안해 준다. 하지만 AI는 내 취향, 상황, 목적을 모르기 때문에, 글자 그대로 해석한다. 그래서 ‘예쁘게’라는 한 단어는 수십 가지 방향으로 튈 수 있다. 프롬프트 중심 소통이 중요한 이유가 여기에 있다. AI에게 필요한 건 ‘느낌’이 아니라 ‘조건’이다. 예쁘게 넣어달라고 하려면, 색상·폰트·레이아웃·배경 등 세부 항목을 직접 써줘야 한다. 편하게 써달라고 하려면, ‘누가 읽는지’와 ‘어떤 맥락에서’ 편해야 하는지를 알려줘야 한다.

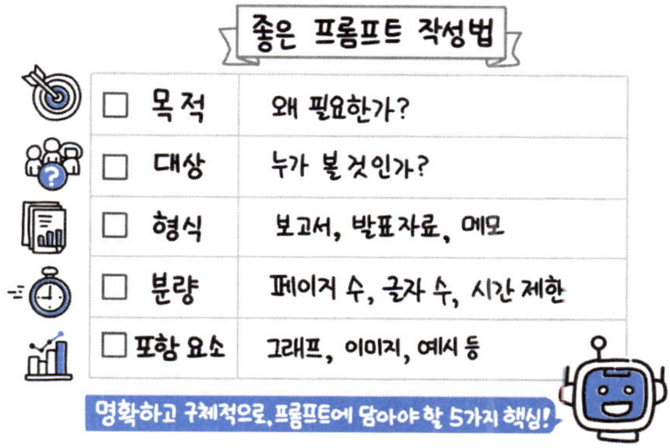

프롬프트 중심 소통은 단순히 AI를 잘 쓰는 기술이 아니다. 내가 원하는 것을 더 명확하게 정의하고, 결과를 설계하는 힘이다. 신입 시절에는 이런 방식이 필요하다는 걸 몰랐지만, 지금은 안다. 업무 속도가 곧 경쟁력이고, AI는 그 속도를 만드는 핵심이라는 것을.

비트코인 초창기에 못 들어간 건 아쉽지만, AI 시장은 아직 늦지 않았다. 우리는 이제야 제대로 탑승했고, 앞으로 더 멀리 갈 준비가 돼 있다. 그리고 그 여정의 키는 바로 프롬프트다.

프롬프트 중심 소통의 기술을 익히고 나면, 또 하나의 벽이 나타난다. 바로 같은 AI를 써도 세대마다 표현 방식이 달라진다는 점이다. 같은 문장이라도 어떤 세대는 이모지만 남기고, 또 어떤 세대는 장문의 설명을 덧붙인다. 이 차이는 단순한 말투의 문제가 아니다. AI를 쓰는 방식, 결과를 해석하는 기준, 심지어 '좋은 소통'이라고 여기는 가치관까지 다르다.

다음에서는 AI 시대에 세대별로 달라지는 소통 코드를 살펴본다. Z세대의 직관, Y세대의 톤 앤 매너, X세대의 논리가 AI와 만나면 어떻게 다른 결과를 만드는지, 구체적인 사례와 함께 살펴보자.

2.

AI로 번역하는 세대의 언어

회사에서 일하다 보면, 같은 상황에서도 세대마다 표현 방식이 놀라울 만큼 다르다는 걸 느낀다. 이건 단순히 '말투가 다른' 수준이 아니다. 메시지의 길이, 속도, 문장 속 기호, 심지어는 어떤 플랫폼을 선호하는지까지 다르다.

처음에는 그저 '세대가 다르니까 그렇지.' 하고 넘겼다. Z세대인 나는 빠르게, 간결하게, 가끔은 장난스럽게 말하는 게 자연스러웠다. 반면, Y세대 선배들은 조금 더 부드럽고 온기 있는 문장을 썼고, X세대 상사들은 모든 말에 '맥락'과 '근거'를 챙겼다.

신입 시절에는 그 차이가 업무에 큰 영향을 준다고는 생각하지 않았다. 하지만 5년이 지난 지금은 안다. 이건 성격 문제가 아니라 '세대별 소통 코드'다. 그리고 이 코드가 맞지 않으면, 같은 말을 해도 전혀 다른 언어처럼 들릴 수 있다.

Z세대 : 이모지로 말하는 세대

Z세대는 이모지를 사랑한다. 짧고 간결하게 감정을 전달할 수 있고, 텍스트만 보낼 때보다 친근함이 훨씬 빨리 생기기 때문이다. "오늘 고생했어요" 대신 🥳👏🔥를 보내면, 받는 사람은 별다른 설명 없이도 내 기분을 읽는다.

첫 번째 이모지는 '축하', 두 번째는 '박수', 세 번째는 '불꽃'으로 마무리. 짧지만 강한 인상을 남긴다. Z세대에게 이모지는 단순한 꾸밈이 아니라 하나의 언어이다. 문장 없이도 표정과 분위기를 즉시 전달할 수 있다. 그 덕분에 대화는 빠르게 이어지고, 서로의 감정 온도를 맞추기 쉬워진다.

Y세대 : 톤 앤 매너로 대화의 온도를 조율

Y세대는 조금 다르다. 그들에게 중요한 건 '톤 앤 매너'이다. 같은 말이라도 어떤 말투와 분위기에서 전달되느냐에 따라 받아들이는 느낌이 달라진다. 그래서 메시지를 보낼 때 공감과 감사의 표현을 섞어, 일관된 분위기를 만든다. 팀 성과를 축하하는 상황이라면, 꼭 한 사람만이 아니라 모두를 칭찬하는 문장을 고르게 배치한다. 분위기를 부드럽게 만들고, 모두가 '함께 했다'는 느낌을 주는 것이 목적이다.

Y세대는 말의 리듬과 온도를 중요하게 생각한다. 짧은 메시지도 무심하게 던지는 대신, 마침표 하나, 물결 하나까지 계산해 넣는다. 그래서 같은 문장이라도 "수고하셨습니다."와 "수고하셨습니다~"는 완전히 다른 의미가 된다.

X세대 : 논리와 구조가 우선

X세대는 또 다른 관점을 가지고 있다. 그들은 소통에서 가장 중요한 요소로 '논리'를 꼽는다. 감정적인 위로나 간단한 축하보다, 어떻게 그 성과가 만들어졌는지에 대한 과정을 설명하는 데 집중한다. 구체적인 근거와 명확한 구조가 있어야 신뢰가 생기고, 설득이 된다는 것이다.

그들의 메시지에는 늘 '이유'가 들어간다. 누가 어떤 역할을 했고, 그 결과 무엇이 달라졌는지 한 번의 칭찬에도 맥락과 구조가 따라붙는다.

이 차이를 가장 선명하게 느낀 건, 팀 프로젝트가 성공적으로 끝났을 때였다. 팀장이 단체 채팅방에 "이번 프로젝트, 수고 많았습니다."라고 올리자 채팅방이 세 가지 스타일로 나뉘었다.

AI, 세대별 언어의 번역가

이런 차이가 귀엽게만 보일 때는 문제가 없지만, 업무에서는 오해를 만들기도 한다. 짧게 쓴 메시지가 '예의 없다'는 반응을 부르고, 길게 쓴 메시지가 '쓸데없이 장황하다'는 평가를 받는다. 이럴 때 AI가 '통역가'가 된다. Z세대의 🥳👏🔥를 AI에게 "공식 보고서 톤으로 바꿔줘." 라고 하면, "프로젝트 성공을 축하드리며, 모든 팀원의 노고에 감사드립니다."라는 문장으로 변환된다. 반대로 X세대의 장문 보고를 "Z세대 스타일로 바꿔줘."라고 하면, "🔥👏" 두 개의 이모지로 압축된다.

세대 차이를 억지로 좁히려 애쓰기보다 그 차이를 인정하고, 필요할 때 '번역'해서 쓰는 게 훨씬 빠르다는 걸 알았다. AI는 그 과정을 단 몇 초 만에 가능하게 만든다. 물론 번역이 완벽한 건 아니다. AI가 감탄사나 이모지를 어색하게 섞어놓을 때도 있다. 그럴 때는 내가 직접 손을 본다. 중요한 건, 내가 한 번도 써보지 않은 세대의 말투를 흉내 내는 데 드는 시간과 노력을 AI가 대폭 줄여준다는 사실이다.

돌아보면, AI가 없던 시절에는 세대 차이를 좁히는 일이 늘 '조심스러운 시도'였다. 하지만 이제는 다르다. 각자의 언어를 인정하고, 필요할 때 번역해서 쓰면 된다. 그렇게 하면 말투나 문장 스타일에 신경 쓰느라 정작 중요한 메시지가 묻히는 일을 줄일 수 있다. 그리고 나는 이 방식이, 앞으로 더 많은 세대가 공존하는 직장에서 가장 실용적인 소통 전략이 될 거라고 믿는다. 다만, 한 가지 주의할 점이 있다. AI가 제안한 이모지가 내 취향보다 귀여울 때, 그걸 그대로 보낼지 말지는 여전히 내 몫이다.

3.

회의·보고에서 빛을 발휘하는 AI 비서

회사 생활에서 가장 많은 체력을 쓰는 순간을 꼽으라면, 단연 회의와 보고이다. 회의 준비를 하다 보면 오전이 통째로 날아가고, 보고서를 쓰다 보면 하루가 다 간다. 5년 차인 지금도 이건 변하지 않았다. 다만, 달라진 것은 예전에는 이 모든 걸 혼자 감당해야 했지만, 이제는 우리에게 'AI 비서'가 있다는 점이다.

회의 전 : 통과의례에서 전략으로

신입 사원 시절, 회의 준비와 마무리는 거의 '통과의례'였다. 회의실을 세팅하고, 지난 회의 자료를 출력하고, 참석자별로 자리 세팅을 다친 뒤 노트북을 켠다. 회의가 시작되면 손은 키보드 위에서 쉴 새 없이 움직이고, 귀는 발언자의 말에 온 신경을 곤두세운다. 누가 무슨 말을 했는지, 어떤 수치가 언급됐는지, 결론은 무엇이었는지 집중하다 보면 대화의 절반을 놓치고, 놓친 부분을 메우려고 "방금 뭐라고 하셨죠?"를 반복하는 건 일상이었다.

그렇게 완성한 회의록은 오후 늦게서야 팀 메신저에 공유된다. 그동안 다른 업무는 시작하지도 못한 채 '기록자'로만 하루 절반을 보냈다. 5년이 지난 지금, 우리 옆에는 'AI 비서'가 있다. 회의가 잡히면 먼저 AI에게 회의 목적과 주제를 입력한다.

'다음 주 마케팅 캠페인 기획 회의, 목적–신규 고객 유입 전략 논의, 참석자–마케팅팀, 디자인팀, 영업팀. 지난 회의에서 결정된 사항은 첨부 문서 참고'

몇 초 후, AI가 아젠다를 추천한다.

'1. 지난 캠페인 성과 리뷰, 2. 타깃 고객 분석, 3. 신규 아이디어 브레인스토밍, 4. 실행 계획 및 역할 분담'

이제 우리가 아젠다를 '짜는' 게 아니라, AI가 뼈대를 만들어 주면 거기에 살을 붙인다. 회의 주제가 조금만 달라져도 AI는 맞춤형 아젠다를 제시한다. 이전 회의 자료를 업로드하면, AI는 "지난 회의에서 논의된 고객 설문 결과의 세부 분석"처럼 내가 놓칠 법한 추가 항목도 추천한다. 준비 단계부터 이미 회의의 질이 달라진다.

회의 중 : 기록자에서 참여자로

회의 중에도 AI는 우리의 '속기사'이다. 발언자를 구분해 실시간으로 기록하고, 회의가 끝날 무렵에는 핵심, 결정사항, 추후 조치가 자동으로 분류된 요약본이 완성돼 있다. 덕분에 우리는 회의 중에도 대화에 100% 집중할 수 있다. 누군가의 아이디어를 더 깊게 물어보거나, 실시간으로 데이터를 검색해 반영하는 여유가 생겼다. 회의 후, AI가 만든 요약본은 참석자뿐만 아니라 불참자에게도 자동으로 공유된다. 메일이나 사내 채널을 통해, 몇 분 전 끝난 회의 내용이 즉시 전달되는 것이다. 과거에는 불참자에게 내용을 전달하기 위해 다시 한번 요약 메일을 쓰던 시간이 사라졌다. 어떤 동료는 회의 자동화 단계를 한층 더 끌어올렸다. AI가 회의 내용을 정리해 프로젝트 폴더에 저장하고, 결정된 액션 아이템을 담당자별 캘린더에 바로 등록한다. 알림 기능까지 설정해, 마감 하루 전에 각자에게 알림 메시지가 간다. 그 과정에서 사람이 직접 손을 대는 부분은 거의 없다. 이쯤 되면 AI는 단순한 비서가 아니라, 팀의 '회의 운영 매니저'이다.

보고서 : 첫 번째 초안을 만들어 주는 파트너

보고서 작성에서도 AI의 존재감은 크다. 특히 아직 보고서 작성이 익숙하지 않은 사람에게 AI는 비서이자 선생님이다. 먼저 보고서의 목적, 대상, 주제를 입력하면 AI가 목차와 구조를 제시한다.

'목적 : 신규 사업 타당성 검토, 대상 : 경영진, 주제 : 친환경 패키징 시장 진출'

결과는 다음과 같다.

'1. 시장 개요, 2. 시장 규모 및 성장 전망, 3. 경쟁사 분석, 4. SWOT 분석, 5. 진출 전략, 6. 예상 수익과 리스크'

틀이 잡히면 자료 수집 단계로 넘어간다. AI는 방대한 데이터에서 필요한 정보만 걸러준다. 경쟁사 전략, 최신 통계, 업계 리포트까지 내가 직접 찾으려면 하루가 걸릴 자료를 몇 분 만에 정리해 준다. 그리고 표, 그래프 형태로 시각화까지 해준다. 이후에는 AI가 만든 초안을 바탕으로 논리를 보강하고 불필요한 부분을 삭제한다. 문장이 거칠면

"톤을 맞춰줘."라고 하고, 디자인이 밋밋하면 "프레젠테이션용 디자인으로 바꿔줘."라고 한다. 결과물은 깔끔하고 전달력 있는 보고서가 된다.

대신이 아니라 같이

AI 덕분에 우리의 역할도 바뀌었다. 회의에서 '기록자'에서 '참여자'가 되었고, 보고서 '작성자'에서 '설계자'가 되었다. 무엇보다도 회의와 보고가 '시간을 소비하는 절차'에서 '가치를 만드는 과정'으로 바뀌었다. 회의가 끝난 뒤 남는 건 피로감이 아니라 새로운 아이디어와 실행 계획이다. 보고서를 완성했을 때 느끼는 건 탈진이 아니라 뿌듯함이다. AI는 시간을 절약해 주고, 새롭게 얻은 시간을 사람만이 할 수 있는 의사결정과 창의적 기획에 쓴다. 그게 바로 AI 시대에도 여전히 우리가 필요한 이유이다. 회의와 보고에서 AI를 활용하는 방법을 알게 되면, 자연스럽게 'AI와 어떻게 말할 것인가'에 대한 고민이 따라온다. 세대마다 사람끼리 소통하는 방식이 다른 것처럼, AI와의 대화 스타일에도 세대별 코드가 스며든다. 어떤 사람은 AI에게도 X세대처럼 논리와 근거를 중심으로 명확히 지시하고, 어떤 사람은 Y세대답게 톤과 분위기를 맞추며 설득하듯 요청한다. 또 어떤 사람은 Z세대처럼 이모지나 짧은 명령으로 AI와 주고받으며 마치 친구 대하듯 대화한다. 흥미로운 건, AI는 이 모든 스타일을 다 이해한다는 점이다. 문제는, 우리가 서로의 스타일을 잘 모르면 사람 사이에서처럼 오해가 생길 수 있다는 것.

그래서 다음 절에서는, 세대별 AI 소통 스타일을 체험해 볼 것이다. 읽다 보면 "이건 내 스타일인데?" 하거나, "이건 우리 팀장님 같은데?" 하고 웃게 될지도 모른다. 그리고 단순히 웃고 넘기는 게 아니라, 세대 간에 AI와 통하는 공용 언어를 만드는 실전 팁까지 함께 배울 수 있을 것이다. 그렇게 되면 AI는 더 이상 '각자만의 비서'가 아니라, '모두의 협업 파트너'가 된다.

4.

세대별 AI 대화 스타일과 협업 언어 만들기

AI를 쓰다 보면, 사람과 대화할 때처럼 '스타일'이 있다는 것을 깨닫게 된다. 누군가는 단정하고 논리적인 문장으로, 누군가는 부드럽게 분위기를 살리며, 또 누군가는 짧고 직관적인 말로 AI에게 지시를 내린

다. 이건 세대별 소통 코드가 AI와의 대화에도 자연스럽게 묻어나는 현상이다.

AI의 대화를 보고 세대를 맞혀보자.

> 다음은 세 명의 사용자가 AI와 나눈 실제 대화이다. 각 문장을 읽고, X세대, Y세대, Z세대 중 어느 세대의 스타일인지 맞혀보자.
>
> **1.** "이번 분기 데이터를 표로 정리해줘. 그리고 전년 대비 증감률도 함께 분석해서 보고서 형식으로 작성해줘. 지난 분기 데이터는 첨부 파일 참고."
>
> **2.** "발표 자료를 조금 더 직관적으로 다듬어줘. 톤은 믿음직스럽게, 너무 딱딱하지 않고, 자연스러우면서 공감이 갔으면 좋겠어. 마지막 슬라이드엔 신뢰감 있는 메시지를 넣어줘."
>
> **3.** "요즘 유행하는 릴스가 뭐야? 틱톡 챌린지 좀 해보려고 하는데, 혼자 찍기 좋은 거 추천해줘. 기분 업되는 걸로! 🔥"

〈정답 & 해설〉

1. X세대

데이터, 분석, 보고서 형식

X세대는 AI에게도 구조와 근거를 중시한다. 숫자와 표를 강조하고, 결과물은 '보고서'라는 형식 속에 있어야 안심한다.

2. Y세대
톤 앤 매너, 공감, 분위기 조율
Y세대는 형식보다 전달되는 감정과 분위기를 중시한다. 그래서 AI에게도 '느낌'을 구체적으로 지정한다.

3. Z세대
짧은 문장, 트렌드, 이모지
Z세대는 AI를 업무 도구이자 친구처럼 대한다. 업무뿐 아니라 일상의 재미, 트렌드까지 자연스럽게 녹여서 이야기한다.

세대별 AI 대화 특징 요약

- X세대 : '무엇을, 어떻게, 왜'를 빠짐없이 설명. 결과물의 정확성과 근거를 우선시
- Y세대 : 전달받는 사람이 느낄 감정, 문장의 톤, 대화의 분위기를 중요시
- Z세대 : 짧고 빠른 직관적 소통, 이모지와 최신 트렌드를 활용

협업 언어가 필요한 이유

문제는 이런 세대별 차이가 팀 단위 협업에서는 오해를 만든다는 점이다. 예를 들어, X세대가 작성한 장문의 보고서 초안을 Z세대 디자이너에게 그대로 넘기면, 디자인 작업에 들어가기 전 이해하는 데만 시간

이 오래 걸린다. 반대로 Z세대가 만든 짧은 요약본은 X세대 리더에게 '내용이 부실하다'는 인상을 줄 수 있다.

AI는 이 간극을 줄이는 '번역기'가 될 수 있다. 하지만 아무리 AI가 똑똑해도, 입력(프롬프트)이 불분명하면 결과물도 어정쩡해진다. 그래서 협업 언어가 필요하다. 협업 언어란, 세대와 직무를 초월해 AI가 이해할 수 있는 공통의 프롬프트 구조를 만드는 것이다.

프롬프트를 활용한 협업 언어 만들기

① 기본 구조 합의

모든 팀원이 AI에 요청할 때 대상·목적·형식·필수 요소를 명시하는 방식에 합의한다.

예)
- 대상 : 경영층
- 목적 : 신규 제품 출시 보고
- 형식 : PPT 10장
- 필수 요소 : 시장 분석, 경쟁사 비교, SWOT, 시각 자료 포함

② 세대별 강점 반영

- X세대 강점 : 논리와 근거 → 데이터·근거 제시 부분 강화
- Y세대 강점 : 톤 앤 매너 → 메시지 전달력 강화
- Z세대 강점 : 직관성과 시각화 → 핵심 슬로건, 이미지, 이모지로 한 눈에 전달

③ AI 번역 루틴 도입

AI에게 "이 결과물을 Z세대 스타일로 바꿔줘." 또는 "공식 보고서 톤으로 변환해줘."처럼 스타일 변환을 요청하는 단계를 협업 프로세스에 넣는다.

④ 예시 프롬프트 템플릿

"이 자료를 바탕으로 [대상]이 이해하기 쉽도록, [형식] 형태로 작성해줘. [톤]을 유지하고, [필수 요소]를 포함해줘. 필요한 경우 [참고 자료]를 활용해."

도전! 우리 팀 협업 언어 만들기

책을 읽고 있는 지금, 종이 한 장과 펜을 꺼내보자.

다음 네 가지 질문에 답하며 우리 팀만의 AI 프롬프트 기본형을 만들어 보자.

1. 우리 팀이 가장 자주 만드는 결과물의 형식은? (보고서, 프리젠테이션, 요약본 등)
2. 결과물에서 반드시 포함해야 하는 핵심 요소는?
3. 톤 앤 매너는 어떤 분위기가 적합한가? (공식적, 설득형, 친근함 등)
4. 세대별 강점을 어떻게 반영할 것인가?

이 답변을 바탕으로 만든 프롬프트는 팀의 협업 효율을 기하급수적으로 높여줄 것이다.

AI를 팀의 '공용어'로

AI 시대의 소통은 더 이상 '누가 더 말을 잘하느냐'의 문제가 아니다. 얼마나 서로의 언어를 이해하고, AI가 알아듣게 변환하느냐가 핵심이다. 세대별 스타일을 인정하되, AI를 중심에 두고 공용어를 만들면 팀 전체의 속도와 완성도가 한 단계 올라간다. 그 순간 AI는 개인의 비서가 아니라, 팀의 공용 파트너가 된다.

다음 회의에서 한 번 시도해 보자.

"이건 내 스타일이 아니라서"가 아니라, "AI가 이해할 수 있게 한 번에 정리해서 요청해 보자"라는 마음으로. 아마 결과물을 받아보는 순간, 팀 안의 대화가 얼마나 달라졌는지 느끼게 될 것이다.

5.

세대를 넘나드는 AI 시대의 소통력

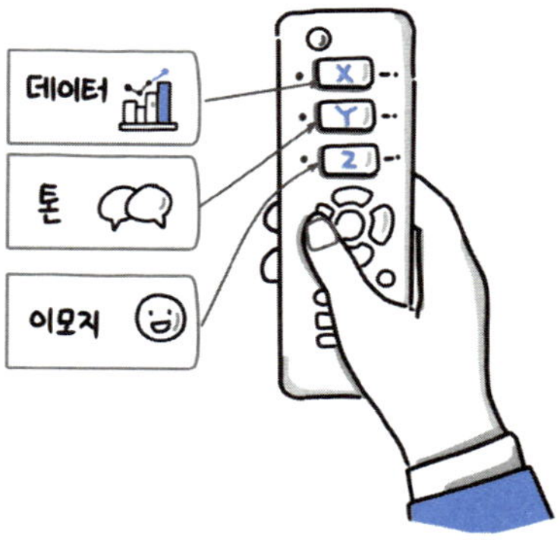

세대별 특징 요약표

세대	소통 키워드	AI 활용 스타일	강점	주의할 점
X세대	논리·근거	데이터·분석 중심, 구조화된 요청	신뢰성 높은 결과	유연성 부족 시 답변 경직
Y세대	톤 앤 매너	분위기·공감 중심, 피드백 요청	관계와 설득력	구체성 부족 시 모호한 결과
Z세대	속도·비주얼	짧고 직관적인 요청, 이모지 활용	빠른 반응, 친근함	세부 정보 누락 시 부정

세대별 소통 코드를 하나씩 뜯어보면 참 흥미롭다. AI 앞에서도 우리는 결국 사람 대하듯 말한다는 사실이 드러난다. X세대는 구조와 데이터를 챙기고, Y세대는 톤과 공감을 챙기며, Z세대는 속도와 친근함을 챙긴다. 그 방식은 달라도, 모두 나름의 '정답'을 갖고 있다. 여기서 중요한 건, "나는 원래 Z세대니까 이렇게 한다."라고 방식을 고정해 버리는 게 아니라는 점이다.

AI 시대의 진짜 소통력은 상황에 따라 X·Y·Z의 언어를 자유롭게 오가는 능력이다. 데이터가 필요할 땐 X처럼, 스토리가 필요할 땐 Y처럼, 아이디어와 에너지가 필요할 땐 Z처럼.

이 스위치를 자유자재로 바꿀 수 있는 사람은 AI와도, 사람과도 빠르게 합을 맞춘다. AI는 이 훈련에 완벽한 파트너이다. 틀린 말을 해도 기분 나빠하지 않고, 엉뚱한 답을 해도 금방 고쳐준다. 매일 조금씩 다른 말투와 접근 방식을 시험해 보며, 세대별 소통 코드의 장점을 흡수할 수 있다. 그 과정에서 '나만의 언어 레퍼토리'가 점점 두꺼워진다.

결국, AI 시대의 소통 고수는 한 세대의 언어만 쓰지 않는다. 세대의 경계를 넘나들며, 상황에 맞는 언어를 설계할 줄 아는 사람이다. 그리고 그 능력은 사람과 AI 모두를 설득하는 가장 강력한 무기가 된다.

[액션 플랜 : AI와 세대별 소통 코드 적용하기]

1단계 : 나의 소통 코드 진단

- 최근 AI에 요청한 프롬프트 3개를 확인하고, X·Y·Z 중 어느 스타일에 가까운지 표시
- 한 세대에 치우쳐 있다면 다른 세대의 요소를 1개 이상 섞어서 재작성

2단계 : 같은 요청, 세 가지 스타일로 작성

- X형, Y형, Z형 각각의 요청 버전 작성 → AI 결과 비교 → 가장 효과적인 요소를 혼합

3단계 : 협업 언어로 확장

- 팀원/다른 세대와의 협업 시 AI를 번역가로 활용
- 세대별 요청 스타일 변환 → 결과 공유 → 개선 포인트 기록

출근 첫 10분, AI와 세대별 아침 인사

아침 9시, 출근한 지 10분도 안 된 시각. 누군가는 커피 머신 앞에서 줄을 서 있고, 누군가는 모니터를 켜자마자 AI 채팅창부터 연다. 아침 인사도 이제는 AI와 나누는 시대이다. 그 인사 속에도 세대별 색깔이 묻어난다.

X세대

'AI, 오늘 주요 뉴스 헤드라인 5개만 추려줘. 특히 경제·정치 관련 내용으로. 출처 링크도 포함해서.'

일단 하루를 시작하기 전, 가장 중요한 건 정보다. 하루 종일 회의와 보고가 이어질 걸 알기에, 아침부터 준비 태세를 갖춘다. 데이터와 출처가 빠지면 불안하다.

Y세대

'굿모닝 AI☼ 오늘 기온이랑 우산 챙겨야 하는지 알려줄래? 그리고 오늘 팀 회의 전 분위기 좋게 시작할 수 있는 한 줄도 추천해줘~'

정보는 물론 중요하지만, 분위기도 챙긴다. 날씨를 확인하는 동시에, 오늘 하루를 어떻게 풀어갈지 감정의 톤을 미리 설계한다. 업무 시작 전에도 대화를 부드럽게 여는 것이 곧 소통의 첫 단추다.

Z세대

'오늘 날씨 왜 이렇게 추워?! 🥶 나 스타벅스 갈건데, 뭐 마실지 추천 좀ㅋㅋㅋ 달고 기분 업되는 걸로 ♡'

아침 인사마저도 가볍고 자연스럽다. 업무 전에도 AI를 친구처럼 부르고, 날씨와 커피 메뉴를 한번에 묻는다. 표현은 짧고 빠르지만, 그 안에 오늘 하루의 컨디션과 원하는 분위기가 고스란히 담겨 있다.

아침 인사는 단순한 인사말이 아니다. 그날 하루의 기류를 만드는 첫 번째 대화이다. 세대별로 AI에게 건네는 아침 인사는, 그들이 사람과 대화할 때 어떤 것을 우선순위로 두는지를 보여준다. X세대는 정보와 정확성, Y세대는 분위기와 관계, Z세대는 속도와 편안함을 먼저 챙긴다.
AI와 주고받는 이 짧은 아침 대화 속에는 각 세대가 '하루를 어떻게 준비하는지'와 '소통의 초점을 어디에 두는지'가 숨겨져 있다. 그리고 이 차이를 이해하는 것이 AI와도, 사람과도 더 잘 소통하는 첫걸음이다.

Chapter

3

AI를 활용한 다른 세대와 함께 일하는 방식

1.

행위자 네트워크 이론으로 본 AI와 XYZ의 협업 방정식

이번에는 AI와 XYZ의 협업 방정식이라는 조금 색다른 이야기를 해볼까 한다. 그리고 이 색다름을 지원해 줄 '행위자-네트워크Actor-Network Theory, ANT' 이론을 소개하고자 한다. 행위자-네트워크 이론은 쉽게 말해 세상의 모든 현상을 인간과 인간이 아닌 것들이 맺는 관계의 결과물로 보는 것이다. 사회학자 브뤼노 라투르Bruno Latour는 이 이론을 통해 기술이나 사물, 심지어 아이디어 같은 '비인간 행위자'도 인간만큼이나 사회에 중요한 영향을 미치는 행위자라는 다소 파격적인 주장을 했다.

실제로 우리가 운전할 때 속도 표지판이나 과속 카메라는 단순 정보나 사물이 아니라, 운전자로 하여금 속도를 줄이라는 강력한 행위자로 작용한다. 이처럼 인간과 비인간이 어떻게 상호작용하면서 권력이나 의미를 만들어 가는지에 주목하고 있는 이 이론은 최근 AI가 등장하면서 다시금 주목받고 있다. AI 역시 우리의 일터에서 이루어지는 소통 방정식에 엄청 강력한 새로운 비인간 행위자, 일종의 가상인물이라고 생각하면 쉽다. 아래 XYZ의 실제 대화 내용을 살펴보자.

예전엔 저희가 컴퓨터에 명령하면 그냥 시키는 대로만 했잖아요. 그런데 AI는 이제 우리의 말을 이해하고, 학습하고, 심지어 새로운 콘텐츠까지 만들어 내죠. GPT에게 질문을 던지면, AI가 답변해 주고 그 답변이 또 우리의 다음 질문에 영향을 미치기도 하구요. 이쯤되면 AI가 단순한 도구가 아니라, 이제 소통의 흐름 자체를 바꾸는 주체가 된 것 같아요.

그래, AI가 등장하면서 소통 네트워크가 구체적으로 달라지는 모습들이 보여. 최근에 까마득한 후배가 리더가 되었는데, 요즘 친구들이 리더나 선배들과 대화도 잘 안하고 질문도 GPT에게 주로 한다고 하더라고!

맞아요. 가뜩이나 메신저라는 비인간 행위자가 소통의 창구를 대신하곤 했었는데, 이제는 대화의 주체마저도 AI로 바뀌어 버린 거죠. 그런데 저는 조금 걱정이 되는 게, AI 덕분에 방대한 정보에 접근하기는 쉬워졌지만 AI가 주는 정보가 종종 부정확하거나 특정 방향으로 치우치기도 해서 이게 문제입니다! 특히 민감한 내부 정보나, 조직마다 존재하는 특수성들은 여전히 리더와 선배에 의존해야 한다고 생각합니다.

저는 그래도 소통의 속도나 효율성은 극대화된 것 같아요. 솔직히 리더든 선배든 너무 바쁘셔서 질문하기도 눈치 보이고, 또 오래 기다렸어야 했는데 이제는 AI를 활용한 번역, 요약 기능 덕분에 바로바로 소통할 수 있잖아요. 마치 너무 큰 업무 장벽이 사라진 것 같아요.

맞아요. 요즘은 회의록 작성도 프로그램을 쓰지 자기들이 직접 안 하더라고. 그런데 조금 아쉬워요. 회의록을 정리하라는 것은 정리하면서 본인이 몰랐던 회사, 업무 용어와 선배들의 대화를 통해 배우고 성장하라는 의미도 담겨 있는데….

이제 그런 이야기하면 (중략) 이제 그런 본심이 통하지 않는 시대가 온 것 같습니다. 이미 AI가 새로운 소통 주체로서 저희의 일터에 자리 잡고 있는 것입니다. 신입사원에게는 과거 소통의 창구이자 정보 확인의 대상이 선배였다면, 이제는 챗봇이나 GPT 같은 AI가 되어버린 거죠. 그 밖에도 생성형 AI가 글과 말, 심지어 음악과 영상까지 다양한 소통 콘텐츠를 만들어 내면서 이제 우리가 접하는 커뮤니케이션의 상당 부분을 차지하고 있어요.

결국 AI는 단순한 도구가 아니라 우리 사회 소통 네트워크의 핵심 행위자가 됐다는 게 위 대화의 요지이다. 그럼 이런 새로운 환경에서 우리는 무엇을 어떻게 해야 할까? 가장 중요한 것은 AI를 단순히 명령의 대상으로 보지 않고, 함께 소통하며 새로운 가치를 만들어 내는 파트너로 인식하는 것에서 시작된다. 나의 후배, 구성원들이 AI라는 도구를 지나치게 많이 사용하는 것은 아닌가라는 우려보다 이 AI 행위자가 평소 어떤 방식으로 이들의 소통에 개입하고 있는지를 이해하고, 또한 구분해서 마치 우리가 사람을 이해하고 대화하듯 AI와 소통하고 이를 활용하는 능력을 키워야 할 것이다. 결국 기존 리더–구성원의 관계에서 리더–AI–구성원이라는 새로운 네트워크를 인정하고, 어떻게 함께 공존하며 소통할 수 있을지 이 질문에 대한 답을 찾아가는 것이 우리의 과제일 것이다.

법칙 1. AI는 리더(선배)와 구성원(후배)과 네트워킹을 하는 새로운 형태의 행위자이다.

AI가 행위자로서 직장 내 소통, 리더십, 팀워크에 미치는 영향은 조직 문화와 업무 방식에 근본적인 변화를 일으킨다. 먼저, 소통 측면을 살펴보면 AI 챗봇, 자동 정보시스템, AI 기반 협업 툴 등이 활성화되면서 리더와 선배, 후배 사이의 전통적 대화 빈도와 형식에 변화가 나타난다. 반복적이고 단순한 정보 전달은 AI가 상당 부분 대체하며, 이에 따라 리더와 구성원 간 직간접적인 대화는 줄어들 가능성이 크다. 그러나 이러한 변화는 오히려 인간적 소통의 질과 전략적 중요성을 더욱 부각시키는 효과도 있다. AI가 제공하는 데이터와 분석에 기반해 핵심 이슈에 집중하는 깊이 있는 대화가 증가하고, 감성적 소통이나 갈등 해결과 같은 고난도 대인관계 기술은 더 강조된다. 즉, AI는 사소한 소통의 부담을 덜어내고 인간이 본질적 역할에 집중할 수 있도록 하는 '보조자' 역할을 수행할 수 있는 것이다.

법칙 2. 사소한 소통은 AI에게 맡기고, 본질적인 소통에 집중하라.

리더십 측면에서도 AI가 의사결정 보조, 팀원 성과 분석, 업무 분배, 맞춤형 피드백 제공 등에서 중재자의 역할을 확대할 수 있다. 특히 이미 조직의 중책을 맡고 있는 X세대와는 달리, Y세대처럼 실무와 중간 관리자 역할을 맡은 세대는 AI를 보다 적극적으로 활용해 객관적인 데이터 기반의 투명한 리더십을 실현하는 동시에, 변화하는 후배 세대가 기대하는 빠르고 명확한 피드백 요구에 부응해야 할 필요가 있다.

이를 통해 후배 Z세대는 AI가 제공하는 즉각적이고 정밀한 평가를 기대할 수 있으며, 반대로 리더나 선배는 AI가 놓칠 수 있는 인간적 이해, 공감, 동기부여를 보완하는 세밀한 리더십 역량을 강화해야 한다. 이 과정에서 리더는 기존의 권위적 리더십에서 벗어나 AI를 십분 활용한 데이터 드리븐 매니징, 그리고 동시에 이해, 공감, 동기부여로 대표되는 사람 중심의 리더십으로 자연스럽게 진화할 수 있을 것으로 기대된다.

법칙 3. AI를 활용한 데이터 기반 리더십과 사람 중심의 리더십을 동시에 갖추어야 한다.

팀워크 측면에서도 AI는 중요한 촉진자이다. AI 기반 협업 도구는 원활한 의사소통과 일정 및 업무 조율, 데이터 공유를 지원하며, 특히 재택근무나 분산근무와 같은 비대면 환경에서 팀원 간 연결성을 유지하는 데 핵심적인 역할을 수행한다. AI는 각 개인의 업무 스타일과 강점을 분석해 맞춤형 지원을 제공함으로써 팀 생산성과 효율성을 높여준다. 하지만 동시에 AI 의존도가 높아질수록 인간 간 대면 커뮤니케이션과 감성적 교류가 줄어들 위험이 있어, 신뢰 구축과 감성적 유대 유지를 위한 의도적 노력이 더욱 요구된다.

법칙 4. 신뢰 구축과 감성적 유대 유지를 위한 더 큰 노력이 필요하다.

종합하면, AI는 직장 내 소통, 리더십, 팀워크에 다음과 같은 변화를 가져온다. 리더와 선배와의 대화는 일부 줄어들지만, AI가 제공하는 데이터 중심 소통과 피드백은 더욱 전문적이고 정확해질 것이다. Z세대 후배 사원들은 AI 기반의 객관적이고 즉각적인 피드백을 기대할 수 있으며, 반대로 리더나 선배는 AI가 다루지 못하는 인간적 신뢰와 공감에 기반한 소통 능력을 기존보다 더욱 집중하고 강화할 필요가 있다.

또한 팀 내 협업 과정에서 AI는 업무 조율, 정보 공유, 성과 분석을 지원해 효율성을 증대시키고, 특히 분산 근무 환경에서 네트워크 연결성을 유지하는 데 필수적이다. 다만, 직원 간 직접적인 인간적 소통과 신뢰 형성은 더욱 중요해지며, AI와 인간의 역할 분담과 조화가 필요하다.

이러한 변화는 중간 관리자 및 리더들이 AI와 협력하면서 조직 내 '중재자' 역할을 확대하는 데 중요한 기회를 제공할 것이다. AI의 자동화와 데이터 분석 역량을 적극 활용하되, 인간 고유의 감성, 창의성, 공감 능력을 결합한 하이브리드 소통과 리더십을 개발하는 것이 앞으로의 핵심 과제라 할 수 있다.

2.

방향과 결과를 좌우하는, 질문을 잘 만드는 '문제아'

우리는 이제 세대, 직급을 불문하고 조직 내 새로운 행위자 AI에게 적절한 지시를 내리고 원활하게 소통하는 새 능력을 요구받고 있다. 우리는 이미 호모 프롬프트Homo Prompt로서 진화를 거듭하고 있으며, 이 호모 프롬프트로서의 역량을 한 단계 더 끌어올리는 가장 핵심적인 요소가 바로 '문제를 잘 만드는 능력'일 것이다. 이번 절에서는 AI 시대에 새롭게 조명받고 있는 신인류, 즉 성장의 방향과 속도를 결정하는 문제아에 대해 이야기하고자 한다.

문제아라는 이 멋진 중의어中意語는 Y가 가장 존경하는 스승, 한양대학교 유영만 교수님의 강의에서 차용했다. 과거 학창 시절 '문제아'라고 하면 골칫덩어리, 말썽꾸러기를 떠올리곤 했지만, AI 시대의 '문제아'는 다르다. 이들은 틀에 박힌 사고방식에서 벗어나 과감하게 질문을 던지고, 새로운 시각으로 문제를 정의하며, AI에게 가장 본질적이고 통찰력 있는 과제를 제시하는 사람들이다. AI가 아무리 똑똑해도 그 AI를 어디에 활용할지, 어떤 질문을 던져야 할지는 결국 우리 인간의 몫이다. AI는 우리가 던진 문제에 대한 수많은 '답'을 내놓을 수 있지만, 그 답의 질과 유용성은 전적으로 우리가 어떤 질문을 던지느냐에 달려 있다. 결국, AI의 성과와 우리의 성장은 우리가 얼마나 '문제를 잘 만드는가'에 의해 결정된다고 해도 과언이 아니다. 아마도 많은 XYZ들이 이러한 고민들은 이미 하고 있을 것이라 생각한다.

AI 시대의 성장은 얼마나 많은 답을 알고 있느냐가 아니라, 얼마나 좋은 질문을 던질 수 있는가에 달려 있다. 우리는 AI와 함께 끊임없이 문제를 정의하고, 해결하며, 그 과정에서 스스로 성장하는 새로운 '문제아'가 되어야 한다. AI가 제공하는 무한한 가능성을 우리의 질문으로 이끌어 내는, 주도적인 '호모 프롬프트'이자 '문제아'로서 새로운 시대를 만들어 나가야 할 것이다. 그리고 이를 위해서는 쉽고 빠른 답을 맹목적으로 받아들이는 대신, 스스로 질문하고 도전하면서 깊이 있는 사유와 문제 제기를 통해 진정한 성장과 지혜를 이뤄낼 필요가 있다(유영만, 2025).

문제를 잘 만드는 법

앞서 X가 중요하다 생각하는 본질을 꿰뚫는 질문, Z가 생각한 다양한 질문 외에 AI 시대에 좋은 질문은 어떤 특징을 가지고 있을까? AI는 모두가 알다시피 방대한 데이터 처리 능력과 복잡한 알고리즘을 통해 다양한 문제를 해결하는 강력한 도구이나, 그 출발점은 항상 사용자가 던지는 '질문'이다. 질문이 모호하거나 불분명하면 AI가 생성하는 답변 또한 정확하지 않고 기대에 미치지 못할 가능성이 크다. 반대로 명확하고 구체적인 질문은 AI가 보다 정교하고 유용한 인사이트를 도출하게 한다. 결국 AI가 성공적으로 '협업'하기 위해서는 사용자의 질문 능력이 곧 생산성의 핵심이다.

좋은 질문은 다음과 같은 특징을 갖고 있다.

우선 구체적이고 명확하다. 질문의 목적과 범위가 분명해야 한다. 다음으로, 문제의 맥락과 배경을 충분히 담고 있다. AI가 이해할 수 있도록 필요한 정보나 상황을 제공한다면, 보다 풍성하고 깊은 답변을 기대해 볼 수 있다.

또한 좋은 질문은 개방성과 탐구성을 가질 필요가 있다. 의외로 대다수의 사람들은 프롬프트를 통해 목적만을 성취한다. 이렇게 지나치게 제한적인 질문일 경우 답변의 범위도 좁고 제한적이기 쉽다. 그렇기에 다각도의 답변 가능성을 열어둔 다양한 추가 질문을 던질 수 있어야 하며, 잘 생각이 안 나는 경우 추천 질문(검색 후 AI가 제시하는)을 함께 살펴보는 습관도 도움이 된다.

마지막으로, 문제 해결 지향적일 필요가 있다. AI는 단순한 정보 확인을 위해서도 물론 유용하지만, 문제에 대한 해법이나 통찰을 도출하는 데에도 유용한 수단으로 사용된다.

좋은 질문을 만들기 위해 가장 구체적이고 간단한 방법은 단연 5W1H를 활용한 질문의 구조화이다. 질문을 명료하게 구성하는 데 있어 5W1H(Who, What, When, Where, Why, How)는 더할 나위 없이 유용한 틀이다. AI가 혼란 없이 문제를 이해하고 명확히 응답할 수 있도록 각 요소를 꼼꼼히 포함시켜 보는 것이다.

좋은 질문은 '명확한 문제 인식'에서 비롯된다. 어떤 상황에서 어떤 이슈가 발생했고, 무엇을 해결하려 하는지 구체화해야 한다. 문제 정의가 확실해야 질문도 그에 맞게 초점을 맞출 수 있다. 이 밖에 필요하면 질문을 여러 방식으로 바꿔 시도해 보는 '질문 실험'이나, 질문 전 예상 답변과 피드백을 활용한 학습을 병행하는 것도 장기적인 성장 관점에서 큰 도움이 된다. 또한 각 AI 도구마다 권장하는 질문 패턴이나 제한이 존재할 수 있으므로, 여러 플랫폼을 동시에 사용해 보는 것도 큰 도움이 된다. 챗GPT나 제미나이Gemini는 서술형, 요약형 질문에 강점을 보이나, 특정 수치 계산이나 추론 관련 질문에는 클로드Claude나 그록Grok, o3 같은 AI 도구가 적합할 수 있다.

좋은 질문은 AI 활용의 출발점이자 성공의 열쇠이다. 명확하고 구체적인 질문, 충분한 맥락 제공, 목적과 문제 해결에 초점을 맞춘 설계, 지속적 다듬기와 피드백 과정이 강력한 AI 협업을 가능하게 한다. 사용자는 AI의 역할과 한계를 이해하고, 5W1H와 개방성·구체성의 균형을 맞추며 질문하는 역량을 키워나가야 할 것이다. AI가 단순한 답변자가 아닌 생산적 '대화 상대'가 되는 시대에, 좋은 질문을 만드는 능력은 곧 미래 경쟁력이며, 개인과 조직의 혁신 성장 엔진이다.

3.

호모 프롬프트로 진화 중인 XYZ

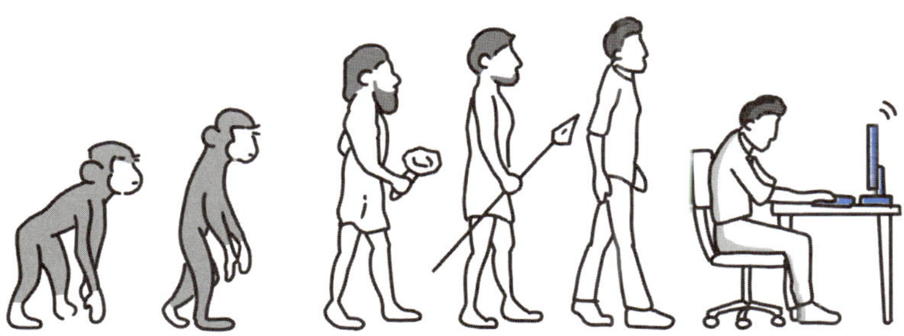

앞서 왜 우리가 앞으로 문제아로서 좋은 질문을 사용해야 하는지를 살펴보았다. 좋은 문제, 질문을 던질 수 있는 능력은 이번에 다루게 될 호모 프롬프트로서 진화를 거듭 중인 XYZ의 생존과도 연결된다. 예전에는 컴퓨터와 이야기하려면 복잡한 코딩 언어를 배워야 했다. 그런데 이제는 우리가 일상적으로 쓰는 말, 즉 자연어로 AI한테 명령하고 질문하는 시대가 도래했다. 최신 버전의 AI와 관련 프로그램을 연동하면 애플리케이션도 하루 만에 뚝딱 생성할 수 있는 세상이다. 이 모든 것을 가능하게 만들어 주는 것이 바로 프롬프트이고, 그렇게 AI 시대에 현생 인류는 호모 사피엔스에서 호모 프롬프트로 바뀌고 있다. '사피엔스sapiens'는 라틴어로 '지혜로운, 분별 있는, 현명한'이라는 뜻이다. 즉, 현생 인류는 이 지혜로 살아남았고, 앞으로의 인류는 프롬프트로 생존할 수 있다는 것이다. 이는 실로 무서운 사실이다.

회사에서 생존하는 호모 프롬프트는 어떤 특징을 가지고 있을까? 호모 프롬프트는 AI를 사용하는지 전혀 구분이 안 될 정도로 자연스럽게, AI의 빠른 효율과 동시에 다양성을 십분 활용하며, 나아가 조직이 원하는 성과를 만들어 낼 수 있는 사람. 이들이 곧 진정한 의미의 호모 프롬프트라 볼 수 있다. 그런데 이와 같은 능력은 저절로 만들어지는 것이 아니다. 내 일이 소속된 조직, 나아가 산업, 직무에 대한 탄탄한 이해를 바탕으로 구체적이고 정확한 프롬프트를 기획하고, 그 결과물을 검증할 수 있는 능력이 더해졌을 때 가능한 능력이다. 물론 복잡한 과제나 아이디어를 구상할 때 AI한테 프롬프트를 써서 물어보면, 생각지도 못한 부분들을 찾아줘서 깜짝 놀랄 때가 많다. 하지만 이것을 주어진 그대로 사용하는 게 아니라 AI와 함께 소통하고 학습하다 보면 기존의 지식과 전문성도 유지되고, 학습과 성장에도 도움을 줄 수 있다.

그렇기에 「MIT Technology Review」에서는 AI 리터러시, 특히 '프롬프트 엔지니어링prompt engineering'을 21세기 필수 역량으로 강조한 바 있다. 프롬프트 엔지니어링이란 AI, 특히 대형 언어 모델(LLM)과 효과적으로 소통하기 위해 질문이나 명령어를 정확하고 명료하게 설계하는 기술이다. 단순히 AI에게 무엇을 물어보느냐가 아니라, 어떻게 묻느냐가 AI의 답변 품질과 유용성에 결정적인 영향을 미친다는 점을 짚고 있다. 이 기술은 AI의 특성을 이해하고, 문제의 맥락과 조건을 명확히 전달하는 능력을 포함한다. 예를 들어, 조금만 문구를 다르게 하거나 필요한 배경 정보를 추가하는 것만으로도 AI의 결과물이 전혀 달라질 수 있다. 따라서 프롬프트 엔지니어링은 AI와 성공적으로 협업하기 위한 '대화법'이자 '설계 능력'으로, 생산성 향상과 창의적 문제 해결에 핵심적인 역할을 한다.

따라서 AI 시대의 모든 XYZ들을 위한 조언은 다음과 같이 도출될 수 있다. 우선 AI 리터러시의 필수성을 인식해야 한다. AI 도구를 단순 소비가 아니라 능동적 활용 대상으로 보고, AI의 기본 작동 원리와 한계를 이해해야 한다. 이를 통해 오작동이나 편향, 허위 정보에 대해 경계심을 유지할 수 있다. 동시에 앞서 언급한 프롬프트 엔지니어링 역량을 강화할 필요가 있다. 그러기 위해서는 AI에게 명확하고 구체적인 질문을 던지는 능력을 키워가야 한다. 자신의 요구 사항을 명확히 하고, AI가 맥락을 잘 이해하도록 배경과 조건을 구체적으로 설명하는 연습이 필요하다. 이와 같은 연습은 업무 현황 보고, 아이디어 생성, 문제 해결 등 다양한 분야에서 AI 활용 효과를 극대화할 수 있다.

프롬프트 설계는 단발성이 아니라 반복적인 테스트와 수정을 필요로 하는 과정임을 인식해야 한다. AI에게서 기대한 답변이 나오지 않을 때는 질문을 바꿔가며 최적의 커뮤니케이션 방식을 찾아나가는 '질문

다듬기'가 중요하다. 또한 협업과 소통 강화 도구로 AI를 활용하는 것 또한 가능하다. AI는 단독적인 도구가 아니라 팀 내 협업과 소통을 보조하는 기능으로도 충분히 활용 가능하다. 갈등이 발생했을 때에 상반된 의견의 객관적 정보를 비교하고, 중립적인 대안을 제시받을 수도 있고, 기존에 소수의 인원이 수행했던 의견 청취를 AI를 통해 보다 신속하게 취합하고, 피드백을 제공하며, 상위 리더의 의사결정을 지원받는 분야까지도 확장할 수 있다.

AI와 관련 기술이 빠르게 발전함에 따라, 지속적인 학습과 적응력이 개인에게는 유일한 성공의 열쇠라고 할 수 있다. 프롬프트 엔지니어링도 점차 표준화되고 진화하므로, 새로운 도구와 방법론에 대해 열린 자세로 배우려는 노력이 필요하다. 즉, AI 시대의 XYZ는 모두가 '프롬프트 엔지니어'가 되어 AI에게 올바른 질문과 명령을 던질 줄 알아야 하며, 이 과정에서 AI와 인간의 탁월한 협업을 이끌어 낼 수 있다. AI를 단순한 도구가 아닌 '스마트한 파트너'로 만들기 위한 대화법과 설계 기술을 갖추는 것이 곧 미래 경쟁력임을 잊지 말아야 할 것이다.

한편, 오늘날 직장은 X세대부터 Y세대, Z세대가 공존하는 복합적인 현장이다. 각각의 세대는 성장해온 사회·문화적 배경과 가치관, 디지털 기술에 대한 친숙도, 업무 태도에서 차이가 크기 때문에 AI 프롬프트 작성에서도 세대별 특성을 충분히 반영하는 것이 중요한다. 특히 AI 활용도가 높아지는 시대에, 각 세대가 AI와 효과적으로 소통하고 협업하기 위해서는 세대별 사고방식과 정보처리 습관에 맞춘 맞춤형 프롬프트 작성법이 필요하다. 이를 위해 X, Y, Z 세대 각각의 특성을 살펴본 후, 이들의 강점과 약점을 고려하여 다음과 같은 효과적인 AI 프롬프트 작성 전략을 제시하고자 한다. 이를 통해 조직 내 다양한 세대가 AI를 더욱 생산적이고 창의적으로 활용하는 데 실질적 도움이 되기를 기대한다.

X세대 : 경험과 실무 중심의 프롬프트 작성 추천

1960~1970년대에 태어난 X세대는 전통적 조직문화 속에서 성장한 현장 경험과 실무 역량이 뛰어나며, 디지털 혁신 초기부터 기술을 경험한 세대이다. 그러나 디지털 네이티브 세대에 비하면 신기술에 대한 적응 속도가 상대적으로 느릴 수 있고, AI 기술에 익숙하지 않은 경우도 종종 있다. 따라서 X세대를 위한 프롬프트 작성은 다음과 같은 부분에 보다 집중할 필요가 있다.

명확한 목적과 구체적 지시 사항 제시

X세대는 실무 경험에 기반한 명확한 절차와 결과물을 선호하므로, 프롬프트에 질문 목적과 기대하는 결과를 구체적으로 적시한다면 보다 만족도 높은 결과물을 얻을 수 있다. 예를 들어, "이번 주 매출 리포트의 핵심 수치와 변화 추이를 간결히 요약해 주세요."처럼 구체적이고 목표 지향적 요청이 효과적이다.

절차 중심의 단계별 요구 반영

복잡한 문제나 작업을 프롬프트로 요청할 경우, 단계별로 쪼개서 질문하는 것이 이해와 활용에 도움이 된다. '1단계 : 데이터 요약, 2단계 : 원인 분석, 3단계 : 개선안 제시'와 같은 체계적 지시를 포함하면 AI가 좀 더 실무적이고 신뢰할 만한 답을 제시할 확률이 높아진다.

전문 용어와 업무 배경 포함

X세대는 전문적 경험과 산업·직무 지식을 바탕으로 질문하므로, 프롬프트에 관련 전문 용어와 배경 정보를 담아 답변의 깊이와 실효성을 높이는 것을 선호할 수 있다. 단, 너무 복잡한 표현은 AI가 해당 맥락을 인식하기 어려울 수 있으니, 명확한 정의와 간결함을 함께 유지해야 한다.

실제 업무 사례 중심의 질문 구성

리포트 작성, 프로젝트 관리, 고객 대응 등 기존 업무 경험과 연결한 질의야말로 X세대에게는 친숙하며, AI 활용에 대한 전반적인 신뢰도와 만족도 또한 높아진다. 또한 구체적 사례를 학습함으로써 AI가 내놓는 답변의 수준이 보다 맞춤형으로 나올 수 있다.

Y세대 : 균형과 혁신 중시 세대의 프롬프트 작성 조언

1980년대부터 1990년대 중반 사이에 태어난 Y세대는 디지털 친화적이며 개인과 조직, 일과 삶의 균형을 동시에 추구하는 특징이 있다. 이들은 AI 및 다양한 디지털 도구 활용에 능하며, 창의력과 협업, 자기계발에 강한 흥미를 보인다. Y세대에 맞춘 AI 프롬프트 작성법은 다음과 같다.

개방적이고 탐구적 질문으로 창의력 자극

Y세대는 고정된 틀에 얽매이지 않고 다양한 가능성을 탐색하는 데 익숙하므로, "몇 가지 혁신적인 마케팅 아이디어를 제시해 주세요."와 같이 창의적이고 확장성 있는 질문이 효과적이다. 개방형 질문은 새로운 인사이트와 협업 아이디어를 유도한다. 특히 Y가 가장 잘하는 Why에 대한 질문을 집요하게 던져보면 보다 유용한 답변이 나올 것이다.

맥락과 가치 강조, 소통 중심 프롬프트

Y세대는 AI를 활용해 자신과 조직에 의미 있는 결과물을 기대하므로, 프롬프트에 현재 상황, 팀 목표, 개인적 선호 등 맥락을 구체적으로 포함시키면 맞춤형 답변을 얻는 데 유리하다. 예를 들어, "우리 팀의 협업 문화를 강화할 수 있는 제안과 그 이유를 알려 주세요."와 같이 프롬프트에 상황과 가치 판단 요청을 포함할 수 있다.

효율성과 자율성 존중

복잡한 질문보다는 명확하지만 유연한 지시를 선호하며, AI가 제공하는 결과를 자신만의 방식으로 재해석하는 역량이 뛰어나다. 따라서 프롬프트에는 핵심 요청과 함께 참고할 만한 가이드라인 정도를 제공하고, 구체적 과제는 스스로 세밀화하도록 유도하는 것도 좋다(처음에는 개방형 질문으로 시작, 점차 구체적인 질문으로 AI와 Y의 Deep dive 유도).

협업과 소통 도구로 AI 활용

Y세대는 중간 관리자 또는 주무 팀원으로서 팀 내 의견 조율과 피드백, 소통을 중요시하기 때문에, AI를 활용해 다양한 관점이나 의견을 수집하고 정리하는 프롬프트가 적합하다. "프로젝트 회의록을 요약하고 참여자별 주요 의견과 결정 사항을 정리해 주세요." 같은 요청이 좋은 예이다.

Z세대 : 디지털 네이티브 세대의 프롬프트 작성 조언

1990년대 중반 이후 출생한 Z세대는 태생부터 디지털 환경에서 성장해 AI와 첨단 기술에 자연스럽게 적응하는 세대이다. 이들은 빠른 정보 소비와 멀티태스킹, 개성 표현과 사회적 이슈에 민감한 특징이 있다. Z세대에 적합한 AI 프롬프트 작성법은 다음과 같다.

간결하고 직관적, 비주얼 포함 요청

Z세대는 영상, 이미지, 짧은 텍스트 등 멀티미디어 콘텐츠에 익숙하므로, AI에게 시각적 또는 요약된 정보 생성 요청을 병행하는 것이 효과적이다. 예를 들어, "이 보고서 내용을 한눈에 볼 수 있는 인포그래픽 형태로 요약해 주세요."처럼 구체적인 아웃풋 결과 형태를 명시하는 것이 좋다.

빠른 응답과 즉각적 피드백 강조

정보 소비 속도가 빠른 Z세대는 AI에게 즉답을 기대하며, 여러 질문을 반복하고 수정 보완하는 방식을 자연스럽게 받아들인다. 따라서 프롬프트 작성 시 다수의 짧고 명확한 질문을 단계적으로 제시해 AI와 '대화'하는 방식이 효과적이다(프롬프트를 작성하며 함께 학습하는 것도 Z에게 좋은 방법이 될 수 있다).

개성 표현과 소셜 콘텍스트 반영

Z세대는 자신의 개성과 사회적 가치에 민감하기 때문에, 프롬프트에 자신의 스타일 또는 윤리·사회적 고려를 반영해 달라는 요청이 만족도를 높일 수 있다. "친환경 관점에서 본 제품 홍보 아이디어를 트렌디한 젊은 층 시각에서 작성해 주세요."와 같은 맞춤형 지시가 그 예이다.

학습과 성장 중심, 도전적 질문

Z세대는 새로운 기술과 지식 습득에 호기심이 많으며, 어려운 문제

나 도전적 과제에 대한 AI 조언을 적극 활용한다. 따라서 AI에게 "문제 해결을 위한 다양한 대안과 예상되는 장단점을 분석해 주세요." 같은 심층적이고 통합적인 질문이 적절하다.

세대별 조화로운 AI 프롬프트 활용을 위한 조직적 접근

모든 세대가 각자의 특성에 맞는 AI 프롬프트 작성법을 익히는 것만큼이나, 조직 차원에서 다양한 세대가 AI를 효율적으로 공유하고 협업할 수 있는 환경과 문화를 조성하는 것이 중요하다. XYZ의 충분한 논의를 통해, 다음과 같은 솔루션을 제안한다.

세대별 AI 교육 프로그램 차별화

X세대는 의사결정과 실무 중심의 교육, Y세대는 창의와 협업 중심으로(실무는 이미 활용 중), Z세대는 멀티미디어 활용과 도전적 과제 중심(장기 과제도 적합함) 교육이 효과적이다.

프롬프트 작성 가이드라인과 사례 공유

조직 내 실무 적용 사례와 성공적인 프롬프트 예시를 세대별로 수집·공유해 각 세대가 자신의 스타일에 맞는 템플릿과 노하우를 참고하도록 한다.

AI 활용 공간과 시간의 유연성 제공

세대별 디지털 활용 습관 차이를 고려해 자율적이고 분산된 AI 활용 환경을 조성하며, 협업 시에는 다양한 세대의 의견을 조율할 수 있는 조정자 역할과 중재 장치를 마련한다.

세대 간 멘토링 및 지식 교류 촉진

X세대의 경험과 Y세대의 변화 적응력, Z세대의 첨단 기술 친화력을 상호 보완하는 멘토링 및 학습 그룹을 운영해 AI 활용 역량을 조직 전체로 확산시킨다.

이처럼 직장 내 X, Y, Z 세대는 각기 다른 성장 배경과 디지털 숙련도를 바탕으로 AI와 상호작용하는 방식이 다르다. AI 프롬프트 작성 역시 세대별 특성을 고려한 맞춤형 전략과 방법이 있어야 AI 활용 효율성과 만족도가 극대화될 수 있다. X세대는 구체적 목표와 절차 중심, Y세대는 맥락과 협업 중심, Z세대는 신속하고 개성 표현을 중시하는 질문 형식을 통해 각자의 강점을 살리고 약점을 보완할 수 있다. 조직 차원에서는 세대별 교육과 협업 문화 정착, 성공 사례 공유를 통해 다양성과 조화를 실현하는 것이 AI 시대 경쟁력의 핵심이다. 이렇게 할 때 AI는 단순 도구가 아니라 세대 간 소통과 협력을 촉진하는 '연결 고리'가 될 수 있다.

4.

AI 시대의 보고서 작성과 리더의 피드백

보고서 작성은 AI가 기본

오늘날 일하는 방식은 빠르게 변화하고 있으며, AI 기술의 일상화와 함께 직장에서의 보고서 작성 역시 혁신적인 전환점을 맞이하고 있다. 보고서는 단순한 업무 기록이 아니다. 그것은 조직의 의사결정을 뒷받침하는 기반이며, 전략과 실행의 출발점이다. 어떤 보고서는 하루 만에 완성되지만, 또 어떤 보고서는 오랜 시간 동안 자료를 모으고 분석한 끝에 완성된다. 그러나 그 모든 과정 속에서 변하지 않는 진리, 즉 보고서는 '읽는 사람의 시간을 절약하고, 중요한 결정을 쉽게 만들어야 한다.'는 목적을 늘 지니고 있다.

직장 내 보는 사람과 그 목적에 따라 작성되는 보고서에는 여러 종류가 존재한다. 업무의 현황이나 이슈를 간단하게 전달하는 일반적 형태의 보고서, 새로운 의사결정을 요하는 경우에 작성하는 품의서, 새로운 프로젝트나 사업을 제안하는 기획서(또는 기획안), 완료된 프로젝트의 결과와 성과를 공유하는 결과 보고서, 특정 주제나 데이터를 깊이 있게 분석하여 인사이트를 제공하는 분석 또는 연구보고서 등이 대표적이다. 보고 대상과 목적에 따라 요구되는 구성도 달라지기는 하지만, 잘 쓰이는 보고서의 공통점은 언제나 명확하다. 바로 핵심을 빠르고 정확하게 전달하고, 논리적 근거가 충분하며, 앞으로의 행동 방향을 제시해야 한다는 점이다.

예를 들어, 일반보고서는 보고 대상과 목적을 분명하게 밝히며, 핵심 요약을 서두에 둔다. 그 다음에 필요한 세부 사항과 근거를 덧붙이고, 마지막에 향후 계획이나 제언을 간결하게 적는 것이 좋다. 반면, 기획서나 품의서는 사업의 필요성과 배경을 먼저 제시한 뒤, 구체적인 목표와 실행 방안, 예상 성과와 위험 요소까지 솔직히 전달해야 설득력을 얻을 수 있다. 성과 또는 결과 보고서는 시작에서 목표 대비 성과를 수치와 비교표로 보여준 후, 주요 결과와 함께 문제점·개선 방안을 정리하고, 다음 단계 제시로 결론을 맺는다. 분석보고서는 분석 목적과 배경, 사용한 자료·방법을 명확히 설명하고, 시각 자료(그래프, 표 등)로 핵심 발견을 효과적으로 전달한 뒤 실질적 제언으로 마무리하는 것이 좋다.

그리고 어떤 종류이든, 보고서를 잘 쓰기 위해서는 몇 가지 원칙이 있다. 첫째, 구조가 명확해야 한다. 표지와 목차로 시작해 본문에서 논리적으로 내용을 서술하고, 결론으로 요약하고 제언해야 독자가 내용을 쉽게 따라올 수 있다. 둘째, 문장은 군더더기를 줄이고 한 문단에 하나의 핵심만 담아야 한다. 셋째, 통계와 데이터, 사례 등 객관적 근거로 논리를 입혀 설득력을 높여야 한다. 넷째, 표나 그래프와 같은 시각 자료로 정보 전달 효과를 극대화할 수 있다. 마지막으로, 독자를 항상 염두에 두어야 한다. 보고서를 읽는 상대방의 관심사와 필요, 상황을 고려해 정보를 선별하고 불필요한 부분은 과감히 생략해야 한다.

그런데 AI 시대에 들어서면서 이러한 과정은 더욱 효율적으로 변했다. 초안 작성 단계부터 챗GPT나 문서 작성 보조 AI를 활용하면 기본 구조와 핵심 내용을 신속하게 준비할 수 있다. 회의록이나 방대한 자료에서 핵심만 뽑아낼 때도 AI 요약 기능을 사용하면 시간을 획기적으로 절약할 수 있다. 최신 통계나 데이터는 검색 AI 기능으로 자동 수집이 가능하며, 필요하면 AI 자동 번역으로 글로벌 업무까지 손쉽게 처리할 수 있다. AI가 추천하는 보고서 양식을 참고하면 기본적인 형식 오류를 막을 수 있고, 맞춤법 검사나 문장 교정 기능으로 완성도를 높일 수 있다. 그래프와 차트 등 시각 자료 역시 AI 기반 도구로 몇 번의 클릭만으로 손쉽게 만들어 낼 수 있다.

이뿐만이 아니다. AI는 유사한 선행 보고서나 사례를 자동으로 추천해 주어, 기존의 인사이트를 빠르게 확인할 수 있도록 돕는다. 특히 협업 기능을 활용하면 여러 사람이 동시에 문서 편집, 의견 첨삭도 간편하게 진행할 수 있다. 표절 검사 기능 덕분에 중복이나 저작권 문제도 미리 예방할 수 있다. 그러나 이처럼 다양한 AI 기능이 첨단 기술이라 해도, 보고서의 주제 선정과 결론 도출, 섬세한 뉘앙스 조정은 결국 사람의 몫이다. AI가 생성한 초안과 데이터를 그대로 사용하는 것이 아니라, 상황과 목적에 따라 수정하고 맥락을 덧입혀야 진정한 '나만의 보고서'가 완성될 수 있다.

보고서 품질을 높이려면 AI를 초안부터 내용 검토, 결론 완성과 시각 자료 제작까지 전 과정에 적절하게 활용하는 것이 좋다. AI로 뼈대를 만든 뒤, 최신 논문과 데이터를 검색해 근거를 강화하고, 시각 자료로 설득력을 높인다. 실시간 협업 기능으로 동료와 내용을 함께 다듬으면서 완성도를 높일 수도 있다. 결국, AI 시대의 보고서 작성에서 가장 중요한 것은 'AI의 효율성과 인간의 통찰력의 조화'이다. AI가 제공하는 자동화와 속도, 다양한 기능은 보고서 작성에 큰 도움이 된다. 하지만 보고서의 본질은 언제나 사람의 고민과 판단, 독자를 향한 배려에서 나온다. 목적이 명확하고, 근거가 신뢰할 수 있으며, 구조가 깔끔한 보고서만이 조직 내 변화를 이끌고, 실제 업무 경쟁력으로 이어진다.

정리하면, AI 활용은 보고서의 효율성을 극적으로 향상시킨다. 다음의 팁을 실무에 접목하면 경쟁력이 크게 높아진다.

초안 작성에 챗GPT와 같은 문서 작성 AI로 기본 구조와 핵심 내용을 빠르게 마련할 수 있다. 또한 검색 봇, 크롤러, AI 기반 데이터베이스로 최신 데이터를 신속히 첨부하는 것도 가능하다.

다양한 보고서 양식을 AI가 추천해 어떤 양식을 쓸지 고민하는 쓸데없는 시간을 최소화하고, AI 문법 및 윤문 기능을 통해 완성도 높은 문장으로 마무리할 수 있다. AI와 파이썬 등으로(코딩과 구체적 방법은 GPT 등 AI가 도와주니 걱정하지 말자!) 그래프·표·차트를 손쉽게 생성하여 설득력을 높일 수 있으며, AI 기반 클라우드 협업으로 여러 사람이 동시에 보고서를 첨삭·완성할 수 있다. 마지막으로, AI 표절 검사로 불필요한 중복을 방지하고 독창적인 결과물을 확보할 필요가 있다.

AI의 도움으로 보고서 업무는 자동화와 효율화가 가능해졌지만, 결론과 주제 선정은 여전히 사람의 몫이다. AI의 제안과 데이터를 보조수단으로 삼고, 최종 검토와 윤문은 직접 해야 최고의 품질을 담보할 수 있다. 또한 AI는 도구일 뿐, 명확한 목적·신뢰할 수 있는 근거·명쾌한 구조가 보고서의 본질임을 잊어서는 안 된다. 기술이 아무리 발전해도 '좋은 보고서'의 기준은 변하지 않는다. AI를 적극 활용하는 직장인만이 앞으로의 변화에서 앞서 나갈 수 있을 것이다. 결국 가치 있는 보고서란 AI의 힘과 인간의 통찰이 조화롭게 결합된 산물이라는 점을 명심해야 하겠다.

달라지는 리더의 역할과 피드백

AI 시대에 접어들면서 리더의 피드백 방식도 근본적으로 변화하고 있다. 과거에는 리더가 보고서 작성자의 성과나 업무 결과물을 단순히 평가하고 수정 요청하는 역할에 그쳤다면, 이제는 AI가 작성한 보고서를 가져오는 구성원에게도 한층 더 높은 완성도와 판단력을 요구하는 상황이 되어버렸다. AI가 제공하는 기본 틀과 자동 생성된 내용이 많아진 만큼, 리더는 단순한 지적을 넘어 구성원의 창의성과 통찰, 문제 해결 능력을 집중적으로 평가하고 조언해야 하기 때문이다.

그렇기에 AI가 작성한 보고서를 그대로 수용하지 않고, 그 내용의 출처와 논리적 흐름, 그리고 현실적 적용 가능성에 대해 꼼꼼하게 피드백하는 것이 리더에게 필요하다. AI의 결과물은 객관적 데이터와 통계에 기반하지만, 맥락이나 조직 특성, 인간적인 감성과 경험이 반영되지 않는 경우가 많기에 리더가 그런 요소를 보완해 주는 역할을 해야 한다. 즉, 보고서의 완성도를 높이기 위해 '기술적 완성도'뿐만 아니라 '사고의 깊이와 독창성'을 평가하며, 구성원이 AI 도구를 어떻게 활용했는지, 어떤 판단을 거쳐 내용을 채웠는지 질문하고 토론하는 과정이 필수적이다.

또한 AI 시대의 리더는 피드백을 주는 방식에서 '감성적 공감'과 '데이터 기반 객관성'의 균형을 맞춰야 한다. 연구 결과에 따르면, 긍정적인 피드백이나 칭찬은 AI가 객관적이고 편향 없이 제공할 때 오히려 신뢰를 더 얻는 반면, 비판적인 피드백은 인간 리더가 맥락과 감정을 담아 직접 전달하는 것이 훨씬 더 수용도가 높다. 따라서 리더는 구성원의 성과와 발전을 격려할 때 AI 도구를 활용하고, 어려운 지적이나 개선 요구는 직접 소통을 통해 관계성을 유지하며 전달해야 한다.

AI는 리더에게도 실시간으로 팀의 상태와 개인별 성과를 분석해 피드백 포인트를 제안하는 강력한 도구가 된다. AI가 구성원의 업무 스타일, 의사소통 방식, 스트레스 수준까지 진단해 리더에게 알려주면, 리더는 보다 맞춤형 피드백과 코칭을 제공할 수 있다. 물론 이와 같은 일이 아직까지는 완전히 자동화되기는 어렵다. 업무나 의사소통, 심지어 스트레스 수준까지 진단되려면 우선 해당 데이터 수집이 온전히 이루어져야 하는데, 아직은 이러한 기술 지원이 불가능하다. 다만 리더가 인지한 정보를 수시로 DB화하고, 이것을 AI로 활용한다면 완벽하지는 않지만 보다 세밀화된 구성원 관리가 가능하다. 이 과정에서 리더는 '명령자'가 아닌 '함께 배우는 동반자'의 역할로 전환되며, AI와 구성원이 모두 참여하는 협업적 리더십이 강조된다.

마지막으로, 이제 앞으로 AI 시대의 리더 피드백은 '질문 지능'이 핵심이다. 어차피 정답은 AI가 더 빠르게, 잘 안다. 이제는 정답을 아는 대신, 더 나은 질문을 던져 구성원의 사고를 확장시키고, AI가 제시하지 못하는 인사이트를 이끌어 내는 역량이 더욱 중요해질 것이다. 리더가 질문을 통해 구성원의 아이디어 근원, AI 결과 활용 방식, 그리고 실제 업무 연계성을 검증하고 발전시키는 피드백 문화가 조직 내에 자리 잡아야만 AI 시대에도 지속 가능한 성장과 높은 업무 완성도를 달성할 수 있다. 이 과정에서 리더의 피드백은 단순한 성과 평가를 넘어 AI가 만들어 낸 결과물의 깊이와 맥락을 함께 고려하는 '심층적 평가'로 진화하며, 이에 따른 감성적 공감과 데이터 기반 객관성을 조화시키는 맞춤형 소통, 그리고 질문을 통한 사고 확장이 필수적이다. 이렇게 해야 AI가 대신 쓴 보고서를 가져오는 구성원에게도 진정한 성장과 학습이 가능해진다.

AI를 활용한 보고서 작성 TIP

보고서를 작성할 때는 여러 단계가 존재하며, 각 단계마다 적합한 도구를 활용하면 업무 효율성과 품질을 크게 높일 수 있다. 특히 AI 시대에는 자료 분석, 시각화, 문장 작성과 교정 등에서 다양한 자동화 도구가 도입되어 보고서 작성의 부담을 줄이고, 보다 전문적인 결과물을 만들 수 있다.

❶ 자료 분석 : 데이터 수집 및 의미 있는 인사이트 도출

주요 활용 팁 : AI 자동화 기능 활용하되, 데이터 신뢰성 직접 검증

추천 AI 도구

Python AI 라이브러리 / Tableau AI / Power BI

❷ 시각화 : 명확한 차트 및 인포그래픽 생성

주요 활용 팁 : AI가 제안하는 최적 차트 활용, 간결하고 직관적으로 표현

추천 AI 도구

Canva / Infogram / Google Data Studio

❸ 문장 작성 및 편집 : 보고서 초안 작성 및 문장 다듬기

주요 활용 팁 : AI 초안은 기반, 반드시 사람의 손 거쳐 명확성 및 스타일 개선

추천 AI 도구

챗GPT	Jasper AI	Grammarly	LanguageTool

❹ 최종 점검 및 협업 : 표절 검사, 번역, 협업 업무 지원

주요 활용 팁 : AI 협업툴 적극 활용, 최종 검토는 사람이 직접 실시

추천 AI 도구

Turnitin	DeepL	Google Docs AI	Notion AI

Chapter

4

공정성과 기여 인식의 차이, AI가 키운 갈등

생성형 AI 활용에 대한 공정성, 기여도에 대한 XYZ의 생각

질문 1 : 생성형 AI를 조직 내에서 사용하는 게 공정할까요?

이제 회사에서 AI를 활용해서 다양한 업무를 추진하는 게 일상화되고 있습니다. 그러면 AI 도움을 받지 않고 일하는 사람과, AI 도움을 받아서 일하는 사람이 같은 평가를 받는 게 맞을지 의문이 생깁니다. 예를 들어, 대학 과제를 A는 AI 도움을 받아서 하고, B는 교재와 인터넷 서칭, 본인의 고민 속에서 열심히 했다면, 두 명이 같은 평가를 받거나 또는 A가 더 높은 평가를 받아도 되냐는 것입니다.

지금 말씀하신 게 Z입장에서는 뭐가 문제인지 모르겠어요. 성과, 즉 조직의 Performance만 나면 되는 거지 어떤 방식으로 하든 뭐가 문제인지 모르겠습니다. 아날로그, 디지털, AI 3가지 업무 추진 방법이 있다면, X세대는 아날로그 + 디지털로 하는 게 옳은 방법이라 생각하는 것 같습니다. 시대가 바뀌어서 디지털 + AI 방식이 대세라 생각합니다.

공정성의 문제는 매우 어려운 이야기인 것 같습니다. 인간의 노력과 기계의 노력 무엇이 공정한가일 수도 있고, 어떤 사람은 노는 듯한데 결과를 더 많이 만들어 내고, 어떤 사람은 열심히 하는데 결과물이 적을 수도 있습니다. 예를 들어, 어떤 사람은 AI 코딩을 일을 조금 해도 다 만들어 내고, 어떤 사람은 한 땀 한 땀 코딩해서 결과를 만드는 데 오래 걸린다면, 어느 쪽이 조직에서 더 높은 평가를 받아야 할까요? 이 문제에 대해 같이 심도 있게 논의할 필요가 있어 보입니다.

질문 2 : 그렇다면 조직 내에서 AI의 결과물과 인간의 결과물 중 어느 쪽의 기여를 더 인정해야 할까요?

회사 내 기여도를 결과로만 판단할 거냐, 노력도 같이 고려할 거냐에 따라 달라질 것 같습니다. 회사에서 만약 결과만으로 기여도를 평가하다면, 그 방법이 잘못되더라도 다 용인되는 구조가 될 것입니다. 그래서 결과뿐만 아니라 그 과정도 같이 봐야 하는데, 현재로서는 AI의 기여와 인간의 기여를 평가하기 어려운 상태인 것 같습니다.

네, 맞습니다. 인류가 처음 겪는 일이라, AI와 인간의 기여를 어떻게 평가할지는 계속 고민해야 할 것 같습니다. 하지만 대세는 AI를 통한 일도 분명 조직에 큰 기여를 할 것이기 때문에, AI를 잘 활용하는 사람이 더 인정받는 세상이 될 것이라 확신합니다.

Z세대에게 사람의 기여냐 AI의 기여냐는 중요하지 않은 것 같습니다. 그냥 이제 AI는 우리의 삶, 조직 내 일부분이고, AI 없는 세상은 없을 거라 생각합니다. 그래서 결과만 봐도 충분하다고 생각합니다. 예를 들어, 과거에 계산기나 엑셀을 사용했다고 평가 절하되지 않는 것처럼 그냥 그 결과물만으로 기여도를 평가해야 한다고 생각합니다.

생성형 AI는 점점 회사 및 조직에 자리 잡고 있다. IT에 익숙한 사람들, 특히 젊은 세대는 빠르게 AI를 활용해서 업무 효율성을 높이고, 더 나아가 업무 자동화, 미래 예측 등 다양한 분야에 활용하고 있다. 하지만 나이가 있고, AI라는 툴의 개념 자체가 낯선 기존 세대에게는 매우 어렵고 심지어는 두려운 존재로 느껴지기도 한다. 각자가 AI 툴을 사용하는 방식, 빈도, 용도 등이 다르기 때문에 AI를 통한 업무 성과에 대한 인식도 다른 것 같다. AI를 삶의 일부분처럼 활용하는 Z세대의 경우 AI가 없는 세상은 상상할 수 없을 것이다. 그래서 당연히 AI를 안 쓰는 사람이 이상한 것이고, 회사의 모든 업무가 AI 중심으로 결과물이 나올 것이다. 즉, Z세대는 AI를 기반으로 효율적이고, 고품질의 업무 성과를 낼 것이다.

하지만 아직 AI가 익숙하지 않은 X세대 경우 과거 방식으로 업무 성과를 낼 것이다. 특히 실무 업무보다 관리 업무를 더 많이 하고 있는 X세대, Y세대에게는 기존 방식의 업무 처리가 더 편하고 익숙할 수 있다. 그래서 기존 방식이 아닌 AI를 통해 쑥쑥 결과물을 내는 후배들에게 성의가 없거나, 일을 대강한다고 생각할 수도 있다. 때로는 AI를 통한 업무 결과에 대해 피드백을 해주기 어려울 수도 있다.

생성형 AI를 통한 업무는 이제 곧 일상화될 것이다. 그래서 AI를 통한 결과물에 대해 문제가 있다고 하거나, 인간의 노력보다는 기계의 힘으로 만들어진 진정한 결과가 아니라고 폄하할 필요는 없을 것 같다. 이보다는 AI 결과물을 내기 위해 인간이 어떠한 노력을 기울여야 하며, 결과를 어떻게 평가하고 피드백할지가 더 중요할 것 같다. 즉, 실무자에게는 다양한 AI를 활용해서 업무 효율화 및 고품질 결과물을 생성하는 것이 평가의 대상이 될 것이며, 관리자의 경우 이러한 결과물을 검증하고, 적절한 피드백을 하는 것이 가장 중요한 요소일 것이다.

1.

AI 활용 업무 추진은 공정한가? XYZ세대별 기여도 인식 차이

세대별 기여도 인식 차이

X세대

AI 데이터를 바탕으로 의사결정을 효율적으로 하는 것이 최고의 성과이다. AI 시대에는 실무자와 관리자의 역할이 달라진다고 볼 수 있다. AI 시대가 아니어도 실무자와 관리자가 하는 일과 역할은 다르다. 하지만 앞으로 AI 시대가 가속화되면 그 역할이 더욱 달라질 수도 있을 것 같다. 그러면 임원, 팀장, 실무진의 각 역할에 따라 업무 성과에 대한 기여도 평가가 달라져야 할 것이다. X세대는 현재 팀장 또는 경영진의 역할을 수행하고 있다면, 다른 업무보다 의사결정에 많은 시간을 할애해야 하며, 그것으로 기여도를 평가받아야 할 것이다. AI가 개발되면 예측모델이 완성될 텐데 그 예측모델을 바탕으로 회사 또는 부서, 팀의 중요한 의사결정을 하고, 그것을 통해 회사의 성과를 향상시키는 데 주력해야 할 것이다.

Y세대

AI 결과물의 오류를 찾아내서 최종 산출물을 완결 짓는 것을 가장 중요한 성과라고 본다. 앞으로 생성형 AI가 일상화되면, 사람의 성과와 기계의 성과를 구분하는 것이 매우 어려운 문제가 될 것이다. 결국 기계의 도움을 얻어 최종적으로 사람이 완결 짓는다는 표현이 맞을 것 같다. 예를 들어, 영어로 된 PDF 논문을 한글로 번역해서 읽는다고 하면 효율성 면에서 매우 뛰어날 것이다. 단, 문제는 10~20% 정도 AI가 틀린다고 할 때 이것을 검증할 능력이 사람에게 있느냐 없느냐는 결과물의 완성도 면에서 매우 큰 차이를 보일 것이다.

이제 Y세대는 조직 내에서 팀장, 파트장의 역할을 많이 하고 있다. 최근의 팀장과 파트장은 실무도 많이 하기 때문에 Y세대도 실무자 입장에서의 기획력, 문제 해결력이 중요하다. 하지만 여기에 추가로, 후배들보다 더 많은 업무 경험을 바탕으로 결과물을 검증하고, 오류를 찾아내는 데 많은 시간을 할애해야 한다. 우선은 정보가 잘못되었을 수도 있고, 바른 정보라고 해도 실무에 적용할 때 문제가 있을 수도 있다. 따라서 이러한 것들을 잘 찾아내고 더 정교화하는 것이 필요할 것이다. 즉, 똑같이 AI를 이용하더라도 결과물 정보의 오류 검증, 도출된 기획안, 문제 해결안의 현장 적용 적절성을 AI를 통해 검증하는 것이 필요할 것이다.

Z세대

AI를 통해 결과물을 빨리 만들어 내는 것이 성과라고 본다. 지금이야 아직 AI가 정교화되어 가는 과정이므로 오류도 있지만 앞으로 더욱더 정교화된다면 검증할 일도 별로 없을 것이라고 본다. 그리고 AI의 다양한 툴이 개발되면 이러한 오류도 크로스 체크로 잡아낼 수 있을 것이므로, 오류를 찾아내는 능력보다는 빠르게 정보를 취합하고, 그 정보를 결과물로 만들어 내는 것이 실무자에게는 중요하다고 생각한다. 즉, 실무자 입장에서는 빠르게 결과물을 잘 만들어 내는 것이 우선이고, 검증하거나 하는 것은 XY세대 등 윗 세대 관리자들의 몫인 것이다.

실무진 입장에서 보면 AI를 다양하게 활용해서 실무진의 일들을 잘 처리하면 된다. 처리하다 보면 일부 오류나 거짓된 정보를 통해 자료가 만들어질 수도 있으나, 이는 인터넷이나 도서를 기반으로 해도 마찬가지이다. 우선은 학부 때 배운 전공 지식과 실무 현장에서 배운 업무 경험을 중심으로 새로운 자료를 만들어 내고, 이를 바탕으로 새로운 일을 기획하고, 실무에서의 문제를 체계적으로 해결해 가면 된다. 그래서 실무진의 기여도 평가는 다양한 AI 툴의 활용도, AI를 기반으로 한 기획력, 문제 해결 등이 중심이 되어야 할 것이다.

세대별 성과 평가 영역

실무진(Z세대)

생성형 AI를 활용하여 업무를 하는 것은 단계가 있을 것이다. AI를 활용해서 가장 먼저 할 수 있는 일은 ① 기본 데이터를 통합 관리하는 것으로, 이 데이터를 축적하고 관리해서 데이터의 질을 높이는 것이다. ② 데이터가 축적되면 이를 바탕으로 회사의 주요 업무를 기획하고, ③ 새로운 개선 방향을 도출하게 될 것이다. 여기까지는 AI를 활용하면, 급속도로 업무 효율성이 높아질 것이다.

본문 중 번호(①, ②, ③ , ④, ⑤)는 123페이지 그림의 번호임

과거에는 업무 데이터가 너무 많아서 관리가 안 되거나, 데이터가 통제할 수 없을 정도로 산재해 있어서 종합하기 어려운 면이 있었다. 즉, 주변에 데이터는 많지만 이를 통해 새로운 것들을 기획하고, 문제 해결에 활용하기에는 어려운 면이 있었다. 특히 입사 연차가 낮은 직원들의 기획서나 문제 해결 보고서는 수준이 낮을 가능성이 높았다. 하지만

생성형 AI가 이를 보완할 것이며, 자료의 수준은 점점 높아질 것이다. 따라서 최근 입사한 Z세대 실무진은 생성형 AI를 활용하여 많은 양의 데이터를 축적·가공하고, 이러한 데이터를 기반으로 현상을 모니터링하고 조사하는 영역에 많은 업무가 집중될 것이다. 이 영역이 실무진의 핵심 평가 영역이다.

중간 관리자(Y세대)

다음 영역으로 ④ 데이터를 기반으로 회사 내 현황 및 연계성 분석으로 넘어가야 한다. 이러한 업무는 실무진도 잘할 수 있으나 업무 경험이 충분한 중간 관리자, 파트장, 팀장들이 더 잘할 수 있을 것이다. 그래서 현재의 Y세대의 중간 관리자급 이상의 리더들은 이 영역, 데이터를 기반으로 우리 회사, 우리 팀/파트의 직무와 연계해서 무언가를 만들어 내는 데 집중할 것이다. 물론 기여도 평가도 이러한 것들을 중심으로 받아야 한다.

관리자(X세대)

팀장, 임원급은 ⑤ 데이터를 중심으로 미래의 의사결정에 더 많은 기여를 해야 한다. 현상에 대한 자료 수집, 현황 분석이 끝나면, 이를 미래 예측 모델에 활용해야 한다. 앞으로 어떠한 일이 벌어질지 그것을 미리 예상해서 이를 통해 회사의 성과가 날 수 있게 만들어야 할 것이다.

결국 각 세대, 직급별로 AI를 활용해서 기여해야 하는 부분이 다르고 평가를 받아야 하는 부분도 다를 것이다. AI를 활용해서 업무를 한다는 것은 똑같지만 과거 AI 활용 전에도 그런 것처럼 집중해야 하는 영역은 다르다. 그래서 우선은 각 회사에서는 AI를 통해 직급별 또는 직책별로 어떠한 역할을 해야 하는지 먼저 정의할 필요가 있다. 기존의 일반적인 계층별 역할 관점과 다른 AI 관점에서 역할을 새롭게 정의하고, 그 역할 중심으로 평가해야 할 것이다.

AI가 만들어 내는 새로운 업무 방식, 세대별 역할

AI를 통한 업무는 새로운 업무 방식을 만들고, 직급·직책별로 새로운 역할을 계속 부여할 것이다. 모든 직책에서 AI를 활용해서 비슷한 업무를 하다 보면 분명 문제가 생길 것이다. 따라서 생성형 AI를 통해 각 계층별, 직급별, 직책별로 어떤 부분에 기여해야 할지를 먼저 정의하고, 그 정의에 따라 기여도를 평가하는 지표를 새롭게 만들어야 할 것이다. 기존의 개인 PC 지급, 인터넷 보급, 사무자동화 확산 등의 사무환경의 큰 변화에서도 이러한 역할 정의가 크게 변경된 것처럼, 지금 이 순간에는 이러한 역할의 구체화가 반드시 이루어져야 한다. 그리고 이후에는 그들의 역할에 맞는 기여도에 따라 평가도 다시 이루어져야 하고, 그러한 평가 체계가 변화하면, 각 역할에 맞는 위치에서 AI 활용도가 더 높아지는 긍정적인 환류 체계가 갖추어질 것이다.

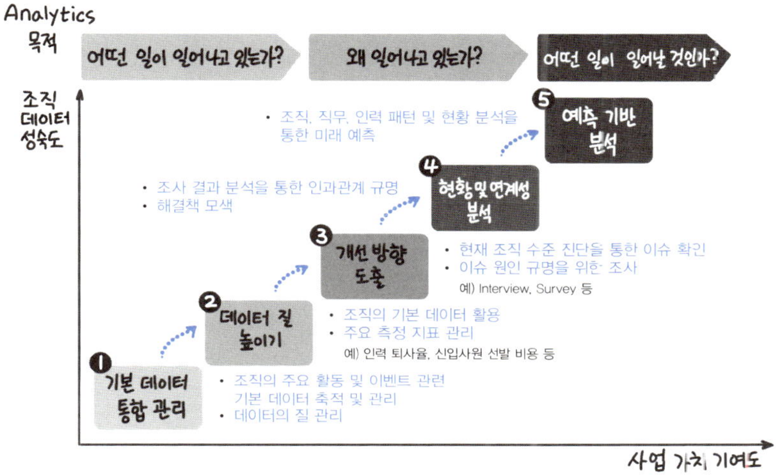

생성형 AI를 활용한 단계별 업무 과정

자료 : Deloitte, 'Number in HR(2011)' 보고서

2.

AI 시대의 공정한 평가와 적절한 피드백 전략

여기에서는 AI 시대에 조직이 성과를 어떻게 평가하고, 피드백해야 하는지 보다 구체적으로 알아보기 위해, 우선 공정한 평가에 대해 논의하고자 한다. 먼저 실무를 하고 있는 YZ세대가 생각하는 AI 결과물 성과에 대한 공정한 평가는 무엇인지 알아보자.

Y세대

"AI 생성 결과물 그대로의 업무 결과를 높이 평가해야 하는 것에 대한 의구심이 생깁니다. 이제 후배들이 가져온 결과를 평가하고 피드백해야 하는 위치에 있습니다. 어떤 결과물을 높게 평가하고, 어떻게 적절한 피드백을 해야 할지 고민이 많아요. 과거 Y세대가 대학을 다닐 때 대부분의 교수님들은 리포트를 쓸 때 남의 것을 그대로 복사해서 제출하면 낮은 평가를 주는 경우가 많았습니다. 이는 과제를 수행한 사람의 노력과 가치가 매우 적다고 생각해서일 것입니다. 유사한 상황이라 보면 후배들이 가져오는 보고 자료가 생성형 AI를 통해 나온 결과를 그대로 복사해서 붙여넣기한 것이라면 이를 과연 적절한 업무 결과로 봐야 하는지 의문이 생길 때가 있어요."

Z세대

"생성형 AI로 자료를 만들 수밖에 없고, 그대로 내지는 않지만, 수정 보완한 AI 결과물로 평가를 받아야 한다고 생각합니다. 생성형 AI의 도움을 받지 않고 만든 자료와 도움을 받은 자료의 결과물의 차이가 너무 크기 때문에 무조건 생성형 AI를 통해 자료를 만들 것입니다. 특히 그 보고서가 중요하고, 깊이가 필요한 자료인 경우 더 그렇지요. 그런데 문제는 앞에서 Y세대가 지적한 것처럼, 그냥 자료 결과물을 아무 고민 없이 복사, 붙여넣기하는 것은 문제가 있다고 생각해요. 아무리 기계가 뛰어난 결과물을 내놓더라도, 인간이 보정하고 의견을 넣는 것은 반드시 필요한 과정이기 때문이죠. 그래서 위 리더(X세대, Y세대)들이 실무진이 보정하고 추가 의견 넣은 것들에 대해 검증하고 평가해 주길 원하고 있습니다."

AI 결과물에 대한 올바른 피드백 방법

그렇다면 팀원이 단순 붙여넣기하고, 본인의 생각을 넣고 안 넣고 하는 것에 대해 검증하고 피드백을 할 수 있을까? 그래서 리더는 AI를 통해 가져온 결과에 대해서는 먼저 생성형 AI가 한 부분과 실무자가 보정하거나 추가한 부분을 먼저 물어보고 피드백을 시작해야 한다. 때로는 아예 처음부터 글씨 색을 다르게 표시해서 보고서를 만들라고 하는 것도 필요하다. 즉, AI가 만들어 낸 부분과 팀원이 만들어 낸 부분을 처음부터 구분해서 가져오게 하는 것이다. 그러면 그 결과물을 바탕으로 팀원이 기여한 부분을 평가하고 올바른 피드백이 가능할 것이다. 대학에서 리포트를 낼 때 단순 복사, 붙여넣기를 하면 대학에서 해야 하는 학습이 이루어지지 않기 때문에 문제가 있는 것처럼, 단순히 생성형 AI 자료만으로 보고하는 것은 회사 내 문제 해결과 성과 면에서 분명 문제가 발생할 것이고 이를 매번 검증해야 할 것이다.

만약 생성형 AI 결과만 가지고 업무를 처리할 것이라면, 굳이 사람을 채용할 필요도 없고, 전공에 따라 직무별 채용도 할 필요가 없을 것이다. 전공별로 학습한 내용, 그리고 업무를 하면서 배운 회사 내 여러 상황 변수들을 중심으로 생성형 AI가 만들어 낸 결과를 검증하고 가공하는 역할이 팀원, 즉 실무진의 역할일 것이다. 따라서 당연히 AI의 결과물을 보정하고 추가한 내용들을 종합한 것이 업무 성과가 될 것이다. 그렇기 때문에 리더들은 실무진이 추가한 내용에 대해 올바르게 피드백하고 의사결정을 하는 것이 가장 중요하다.

AI 시대 리더의 역할 : 소프트 스킬 발휘

AI 시대에는 리더의 역할이 매우 중요하다. 실무진이 만들어 낸 결과를 업무 생활을 통해 경험한 여러 상황들을 바탕으로 올바르게 평가, 피드백해 주고, 중요한 의사결정을 하는 것이 필요하다. 이러한 것을 소프트 스킬이라고 하는데, AI를 활용하는 하드 스킬도 중요하겠지만, 리더에게는 더 많은 소프트 스킬이 강조될 것이고 리더는 이러한 소프트 스킬로 평가받아야 할 것이다.

생성형 AI 시대에는 하드 스킬과 소프트 스킬이 필요하다고 한다. 하드 스킬은 가르치기 쉬운 능력 및 스킬을 의미하며, 쉽게 정당화가 가능한 스킬이다. 과거의 타이핑 스피드, 외국어 능력 같은 것들이며, AI 시대에는 머신 오퍼레이션, 코딩, 프로그래밍, AI 리터러시, 챗봇 생성, LLM 개발/응용 등이다. 이러한 기술은 향후 실무진 입장에서 중요한 기술이다. 실무진은 본인의 업무 향상을 위해 이러한 하드 스킬 습득에 힘써야 할 것이다. 본인의 직무에 대한 전문성에 이러한 하드 스킬을 적용해서 업무를 기획하고, 문제를 해결해야 한다.

한편, 리더들은 인간의 스킬 또는 상호 관계 스킬인 소프트 스킬 연마에 힘써야 한다. 이러한 소프트 스킬은 정량화도 어렵고, 가르치기도 어렵다. 대표적인 능력이 후배들 또는 실무진이 가져온 자료를 잘 경청하고 공감해 주며, 그 결과물에 대해 효과적으로 피드백해 주고, 미래 방향에 대해 의사결정을 하는 스킬 등이다. 그래서 리더는 이러한 소프트 스킬로 평가받아야 할 것이다. 소프트 스킬의 예로는 의사소통, 팀워크, 문제 해결 능력, 적응력, 비판적 사고, 창의성, 협상 스킬 등이 있다.

결론적으로 실무진은 직무 역량과 하드 스킬로 평가받고, 역량을 더 강화해서 조직의 성과로 창출해야 하며, 리더는 하드 스킬도 꾸준히 관심을 가지고 연마함과 동시에 소프트 스킬을 강화해서 실무진의 결과를 잘 검증하고 피드백하며, 새로운 의사결정을 통해 팀과 조직의 성과에 기여해야 한다.

3.

Z세대의 AI 사용 스킬 중요성 vs XY세대의 직무 역량 중요성

앞에서 나온 이야기를 바탕으로 업무 현장에서 일어나고 있는 일들에 대해 조금 더 구체적으로 HR analytics의 최신 사례를 이야기해 보자. 최근 미국에서는 퇴사자 예측 모델을 만들어서 HR 부서에서 퇴사자를 미리 예측하고 대처하는 활동을 많이 한다. IBM에서는 이 모델을 만들어서 95% 적중률로 퇴사자를 예측하고, 이를 통해 3억 달러의 비용을 절감했다고 한다. 그렇다면 이러한 피플 애널리틱스 활동이 조직 성과에 기여를 할까? 그러면 향후 조직 내에서 인간의 기여는 무엇일까?

앞의 IBM 예를 보면, 인사, 즉 HR 부서 실무진의 역할이 단순히 직무 관련 업무만 하는 것이 아니라 AI 리터러시, 데이터 분석, 관리, 머신러닝 개발 등의 하드 스킬도 중요한 역량이라 할 수 있다. 과거 인사 부서에서 엑셀 함수를 잘 못하면 업무에서 문제가 생기는 경우가 많았다. 한동안 인사 부서의 핵심 역량은 엑셀 함수, 매크로 등의 활용이라고 할 정도로 엑셀 활용 능력이 중요한 때가 있었다. 그런 것처럼 이제 AI 툴 관련 이해와 숙련도는 인사 담당자의 업무 능력에 많은 영향을 줄 것으로 보인다. 그리고 어떻게 보면 점점 분야별 직무 역량이 중요해짐에 따라 AI 활용도 더욱 중요한 시대가 올 것으로 예상된다.

하지만 AI 활용이 직무별로 강화된다고 해도, 직무 역량이 기반이 되어야 한다는 점도 매우 중요하다. IBM 사례도 퇴사가 조직에 어떠한 영향을 끼치고, 퇴사자를 사전에 어떻게 대비해야 하는지는 그 회사 인사 부서의 오랜 노하우이며, 회사마다 그 대처 방식이 다를 수 있다. 즉, 퇴사자를 사전에 대응하고 준비하는 방식이 한국이나 미국 내 회사들이 다 다르다. 그렇기 때문에 여러 데이터를 통해 퇴사자의 예측 모델을 만드는 것도 중요하지만, 그 결과를 통한 대처 방식, 문제 해결은 직무 역량, 회사 내 상황 이해가 더 중요할 수 있다. 그래서 가장 우선이 되는 것은 직무 역량이며, 혹시 짧은 시간 내에 AI 기술을 바로 활용하기 어렵다면, 외부 전문가 또는 사내 AI 전문가의 도움을 받는 것이 효율적이다. 아니면 HR부서에 AI 전문가를 채용하는 방식 등이 있을 것이다. 즉, AI 활용도 중요하지만 그 부서 본연의 직무 역량으로 평가 받는 것도 매우 중요하다.

AI 시대에는 AI 활용 스킬, 직무 역량 모두 필요하다고 생각한다. 우선은 각 부서, 직무에 맞는 역량, 즉 지식, 스킬 등을 보유하는 것이 필요하다. 물론 이제부터는 여기에 AI 활용 스킬이 더 필요할 것이다. 그래서 가까운 미래에는 직무 역량과 AI 활용 스킬 모두 평가받아야 할 것이다. 하지만 단기간에는 AI 스킬은 외주 또는 전문가의 도움이 가능할 것으로 보인다. 그런 시기가 지나고 AI 기술이 모든 구성원들에게 익숙해지면, 구성원 모두가 AI 활용 능력으로 평가를 받아야 하는 시기가 올 것이다. 하지만 그 전에는 직무 역량이 중요하므로 인간이 가지고 있는 직무에 대한 경험, 전문성, 상황 인식, 현장의 오랜 노하우 등이 더 인정을 받을 것이다. 물론 'AI 활용 스킬'과 '직무 역량' 두 가지는 균형을 잡고 모두 향상시키는 노력이 필요할 것이다.

4.

AI가 만든 불평등 해결 프로젝트

AI는 효율을 극대화하고 가능성을 확장했지만, 그 이면에는 새로운 불평등도 자리 잡았다. 기술에 익숙한 세대와 그렇지 못한 세대, AI를 실험하며 즐기는 사람과 경계심을 갖고 지켜보는 사람 사이의 격차는 점점 더 벌어지고 있다. 단순히 기기를 보급하거나 프로그램을 배포하는 것으로는 이 간극을 메울 수 없다. 필요한 것은 세대별 강점을 서로 나누고 약점을 보완하는 역량 보완 프로젝트, 바로 'AI 공동 책임제'이다.

역량 보완 프로젝트(X : AI 배움, Y : 다리 역할, Z : 경험 전수) 'AI 공동 책임제'

'AI 공동 책임제'는 한 세대가 일방적으로 다른 세대를 가르치는 단방향 구조가 아니다. X세대, Y세대, Z세대가 각자의 자리에서 배움과 전수를 동시에 수행하는 상호 순환적 구조이다. 이 구조 속에서 X세대는 AI 기술을 배우고, Y세대는 세대를 잇는 다리 역할을 하며, Z세대는 현장의 맥락과 경험을 전수받는다. 이 과정을 통해 기술의 신뢰성과 창의성, 그리고 사회적 안착이 동시에 이루어진다.

X세대는 그간 산업과 조직을 지탱해 온 경험과 판단력을 갖고 있다. 그러나 빠르게 변하는 AI의 세부 기능이나 최신 흐름에는 익숙하지 않을 수 있다. 따라서 공동 책임제에서 X세대는 프롬프트 작성, 데이터 분석, 업무 자동화 도구 활용법을 직접 배우며 AI를 '확장된 파트너'로 받아들여야 한다.

예를 들어, 한 금융사의 X세대 50대 부장은 AI로 작성한 고객 리스크 분석 보고서를 자신의 시장 경험으로 검증하고 보완하여 예측 정확도를 높인다면, 이는 부서의 표준 프로세스로 자리 잡게 될 것이다.

이때 Y세대가 결정적인 역할을 한다. 그들은 아날로그 세대와 디지털 세대의 언어를 모두 이해하고, 두 세계를 오가는 감각이 뛰어나다. X세대에게는 AI 개념과 최신 툴을 친근하게 풀어 설명하고, Z세대에게는 조직의 규칙과 절차, 산업의 암묵지를 전달한다.

예를 들어, 한 공공기관의 Y세대 30대 주무관은 X세대 상사의 행정 절차 지식을 AI 자동화 시스템에 반영하고, 동시에 Z세대 인턴이 만든 스크립트와 연결할 수 있다. 그 결과, 규정을 지키면서도 민원 처리 속도를 두 배로 높인 시스템이 탄생한다. 이 성과는 Y세대라는 '중간 다리' 없이는 불가능했을 것이다.

Z세대는 태어날 때부터 디지털 환경에 둘러싸여 있어 AI를 능숙하게 다룬다. 하지만 산업의 규제나 시장의 흐름, 장기적인 전략적 시각은 아직 부족할 수 있다. 그래서 공동 책임제에서는 XY세대에게서 직접 경험을 전수받는다.

예를 들어, 한 스타트업의 Z세대 20대 개발자는 AI로 제작한 제품 콘셉트를 곧바로 시장에 내놓으려 했지만, X세대 멘토의 조언을 통해 출시 시기와 마케팅 전략을 조정하여 제품의 평판과 매출 모두에서 성공을 거둘 수 있었다. 이처럼 Z세대의 창의성이 X세대의 경험과 결합될 때, 결과물은 한층 견고해진다.

이렇게 X세대의 신뢰성과 검증 능력, Y세대의 연결력과 조율력, Z세대의 창의성과 기술 감각이 서로 맞물리는 순간, AI 활용의 질은 한층 높아지고 세대 간 기술 불평등은 줄어든다. AI 공동 책임제는 서로의 역량을 채워주고 책임을 나누는 사회적 계약이라 할 수 있다. 그 계약이 지켜질 때, AI는 한 세대만의 전유물이 아니라 모든 세대가 함께 다루는 '공동 자산'이 된다. 그리고 그 순간, 기술은 불평등을 만드는 도구가 아니라, 세대를 잇고 사람을 연결하는 다리가 된다.

[질문 : 생성형 AI 시대의 공정성, 기여도에 대한 세대별 의견 한마디]

AI 시대의 공정성, 기여도는 AI의 활용도를 바탕으로 평가받아야 할 것입니다. AI를 잘 활용하는 사람은 더 높은 평가를 받고, 덜 활용하는 사람은 낮은 평가를 받게 될 것입니다. 즉, AI 리터러시, AI 역량이 향후 업무 능력 평가에서 중요한 자리를 잡을 것입니다.

AI는 이제 업무의 한 부분이면서 전체입니다. 과거의 전화기, 계산기, 개인용 컴퓨터, 엑셀 등의 사무자동화에 대해 이제 그것이 없는 세상은 상상하지 않듯이, 지금은 처음이라서 그렇지 AI는 빠른 시간 내에 그냥 누구나 사용하는 일상이 될 것이고, 그러면 이러한 이슈는 사라질 것으로 봅니다.

AI가 도입되는 시기에는 분명 공정성, 기여도에 대한 세대 간의 합의가 필요해 보입니다. 처음에는 다른 도구들도 그랬던 것처럼 잘하는 사람에게는 가점이 되는 방식으로 접근하는 것이 필요합니다. 사용하지 못한다고, 익숙하지 못하다고 업무에서 배제되고 조직 내에서 매우 낮은 평가를 받는 것보다는 사용을 잘하는 사람들에게 더 많은 가점, 인센티브를 주어, 그쪽으로 자연스럽게 이동하게 만들어야 할 것이라 생각합니다.

AI 공정성 테스트(5점 척도)

응답 기준

1점 : 전혀 그렇지 않다. 2점 : 그렇지 않다. 3점 : 보통이다.
4점 : 그렇다. 5점 : 매우 그렇다.

결과 해석

64점 이상 : 조직 내에서 세대 간 AI 공정성에 대한 올바른 인식이 높은 편이다.
48~63점 : 조직 내에서 AI 공정성에 대해 어느 정도 고민을 하고 있다.
47점 미만 : 이제 조직 내에서 AI 시대 공정성에 대해 고민을 시작해야 한다.

❶ 공정성 인식

1. AI 도움 없이 만든 결과물과 AI 도움으로 만든 결과물을 동일하게 평가하는 것이 공정하지 않다고 생각한다.
2. 결과물의 완성도와 함께 작업 과정에서의 인간 노력도 함께 평가해야 한다.
3. AI를 잘 활용하는 직원에게 더 많은 가점이나 인센티브를 주는 것이 필요하다.
4. AI 사용 여부가 아닌, 결과물의 품질과 조직 성과를 기준으로 평가하는 것이 바람직하다.

❷ 기여도 평가

5. AI의 도움으로 만든 성과물이라도 최종 검증과 수정은 사람의 기여로 인정해야 한다.
6. AI 결과물과 사람이 직접 만든 결과물의 기여도를 구분하여 평가해야 한다.
7. AI 활용 능력이 뛰어난 사람이 더 높은 평가를 받아야 한다고 생각한다.
8. AI 결과물에 반영된 사람의 직무 전문성과 경험을 우선 평가해야 한다.

❸ 각 직책별 역할과 책임

9. 관리자(X세대)는 AI 결과물을 바탕으로 조직의 의사결정을 내리는 역할을 우선적으로 평가한다.
10. 중간 관리자(Y세대)는 AI 결과물의 오류를 검증하고, 현장 적용 가능성을 판단하는 역할을 우선적으로 평가한다.
11. 실무자(Z세대)는 AI를 활용해 빠르고 효율적으로 결과물을 만들어 내는 능력을 우선 평가한다.
12. 세대별로 AI 활용 방식과 기여 평가 기준을 다르게 설정하는 것이 필요하다.

❹ 피드백과 역량 개발

13. AI가 만든 결과물과 사람이 보정한 부분을 명확히 구분해 피드백하는 것이 필요하다.
14. AI 활용 능력(하드 스킬)과 사람 간 소통·의사결정 능력(소프트 스킬)을 균형 있게 평가해야 한다.
15. 세대 간 AI 활용 격차를 줄이기 위해 공동 학습, 멘토링 제도 적용 여부도 평가한다.
16. AI 활용 능력도 업무 평가의 하나의 항목으로 활용한다.

Chapter

5

AI 윤리와 책임, 세대가 나눠야 할 고민

“지금 이 내용이 맞나?”, “출처는 분명한가?”, “동의를 얻었는가?”
우리는 이제 이런 질문들을 잊어버리는 시대를 살고 있다. 과정은 묻지 않은 채 결과만 빠르게 복제·배포하는 시대이다. 편리함이 양심을 앞지르면, 저작권은 선택지가 아니라 위험 요인이 되고, 출처가 지워진 데이터는 누군가의 노동과 권리를 지운 흔적이 된다.
생성형 AI의 말은 그럴듯하지만 때로는 거짓을 확신처럼 내놓고, 작은 무심함은 순식간에 대규모의 실수로 증폭된다. 현재의 ‘대충’은 자칫 내일의 법적 책임과 조직의 신뢰 하락, 그리고 개인의 직업적 평판 추락으로 돌아오기도 한다. AI 시대에 누구나 창작자이자 배포자인 지금, 검증 없는 생산은 권리 침해와 신뢰 붕괴를 동반한 자기 파괴일 뿐이다.
이러한 현상은 특정 세대의 도덕 수업이 아니라 모두의 생존 규칙이라는 점에서 중요한 시사점을 남긴다. 선배 세대의 ‘좋은 도구면 됐다’는 태도도, 후배들의 ‘요즘 다들 이렇게 한다’는 관행도, 관리자의 ‘속도가 곧 성과’라는 압박도, 결국 같은 지점에서 무너질 수 있다. 우리는 잊지 말아야 한다. 우리의 속도를 지탱하는 것은 신뢰이며, 신뢰를 지키는 최소한은 사실 확인, 출처 표기, 동의와 개인정보 보호, 편향 점검, 그리고 기록 가능한 프로세스이다. 프롬프트에는 의도가 남고, 결과에는 책임이 따른다. 그리고 세대가 나눌 것은 탓이 아니라 기준이다.

1.

성장이 사라진다

: AI를 통한 학습과 생각의 외주화가 미치는 영향

기술 발전이 인류의 전통 지식을 잃게 만든 구체적 사례들은 여러 분야와 문화에서 꽤 다양하게 관찰된다. 대표적으로는 냉장고의 등장으로 인한 전통 음식 보존법의 쇠퇴, 자동화와 AI 도입으로 전통 수공예 기술의 감소, 그리고 디지털 미디어와 현대 교육 체계가 구전口傳 및 토착 지식의 전승을 방해하는 사례들이 있다.

먼저, 냉장고의 발명과 보급은 식품 보존 방식을 크게 변화시켰다. 과거에는 햇볕 건조, 염장, 발효, 굴 속 저장 등 다양한 방법으로 음식을 보존하는 노하우가 필수적이었고, 이는 지역과 계절에 따라 특화된 지식 체계를 이루었다. 그러나 냉장고가 널리 보급되면서 이런 전통적 보존 기술들의 실용성과 필요성이 급감했고, 그 결과 관련 암묵적 지식들이 점차 사라졌다. 예를 들어, 상온에서 보관하던 바나나를 냉장고에 넣으면 껍질이 검게 변하는 현상은 이런 전통적 지식이 무시된 대표적 사례로 여겨진다. 냉장고가 편리함을 제공했지만, 이에 맞는 식재료 관리법과 경험은 약화된 것이다.

둘째, 자동화와 인공지능의 도입은 전통 수공예 기술(예 : 단순 바느질도 해당)과 숙련 기능의 감소로 이어지고 있다. 전통 공예는 대개 장인의 손에서 세대 간 전수되는 숙련과 경험이 기반이지만, 로봇과 AI가 생산 공정을 대체하면서 젊은 세대는 실질적으로 배울 기회가 줄어들고 있다. 이는 암묵적 지식, 즉 사람이 손수 체득하는 미묘한 기술과 감각이 손실되는 것을 의미한다. 또한 대량생산과 표준화로 인해 개성과 지역 고유의 문화적 특징이 희석될 위험도 크다.

셋째, 토착민 및 농경 공동체의 전통 지식은 도시화, 정규 교육, 디지털 미디어 확산에 의해 전승 체계가 약화되고 있다. 구전으로 전해졌던 생태 관리법, 약초 활용법, 농업 의식 등이 현대 교육과 사회 구조 속에서 젊은 세대로 원활히 전달되지 못하고 있으며, 디지털 플랫폼에 일부 기록되는 경우도 있으나 이 과정에서 언어 소멸, 문화 왜곡, 맥락 상실 등이 발생한다. 예를 들어, 아마존의 농경 공동체는 시장 경제와 교육의 변화로 인해 전통 약초 지식 및 농업 지식이 급격히 감소하는 현상을 경험했다.

마지막으로, 현대 기술은 업무 자동화와 표준화로 과거 수작업과 현장 경험이 중요했던 기술과 지식들이 점차 필요 없어지는 현상도 낳았다. 은행 업무에서 ATM과 인터넷 뱅킹이 텔러의 전문성을 감소시킨 것, 제조 현장의 로봇 도입으로 장인 기술 전승이 어려워진 사례가 그것이다. 이러한 변화는 사회 전반의 노하우와 숙련도 전승을 저해하며, 새로운 유형의 지식과 기술이 요구되는 전환기를 맞게 한다. 결국, 기술 발전은 인간 삶의 질과 생산성을 크게 향상시키는 한편, 전통적 지식과 경험의 축적 및 전승 체계를 약화시키는 복합적 영향을 미치고 있다.

실제로 현실에서 복잡한 문제에 부딪혔을 때, 평소 AI가 제시하는 답만 보고 의존하던 사람은 문제의 본질을 깊이 파고들어 새로운 해결책을 모색하는 능력이 부족해 크게 당황할 수 있다. 그리고 AI는 기존의 데이터를 기반으로 답을 내놓으니, 정말 창의적 아이디어를 내는 것은 아직 인간의 영역이라고 볼 수 있다. AI가 주는 정보를 단순히 받아들이는 걸 넘어서, 그 정보를 비판적으로 해석하고 나만의 관점으로 재구성하는 능력이 더욱 중요해진다는 이야기이다. 이런 맥락에서, 조지타운대학교 컴퓨터공학과 교수이자 베스트셀러 작가인 칼 뉴포트Cal Newport 교수가 그의 저서 《딥 워크Deep Work》에서 강조한 '산만하지 않은 집중'의 중요성이 더 커지는 것 같다. AI가 주는 편리함에 익숙해지면 깊이 있는 사고를 방해받을 수 있다는 일종의 경고인 셈이다.

AI를 비서처럼 편하게 활용하는 것도 중요하지만, 스스로 질문하고 집중해서 생각하는 힘을 키울 필요가 있다. 결국 AI는 도구이고, 그 도구를 어떻게 활용해서 우리 자신의 지적 역량을 키울지가 가장 중요한 관건이다. 단순히 AI에게 일을 대신 시키는 것이 아니라, AI를 통해서 더 깊이 사고하고 더 넓게 통찰하는 훈련을 해야 한다. 이에 스탠퍼드 대학교 교수이자 구글 브레인, 코세라의 공동 창업자로 유명한 앤드류 응Andrew Ng 같은 AI 전문가들은 AI가 인간의 역할을 단순히 대체하기보다는, 함께 협력하여 더욱 고차원적인 문제 해결에 집중해야 한다고 강조한다. AI가 반복적이고 예측 가능한 작업을 대신함으로써, 인간은 창의적이고 비판적인 사고에 더 많은 시간을 할애할 수 있게 되는 것이다.

결국 AI가 대체할 수 없는 우리 인간의 고유한 비판적 사고, 창의성, 그리고 자기 주도적인 학습 능력을 끊임없이 키워나가는 데 우리 모두의 지속적인 노력이 필요할 것이다. 현대 사회, 특히 AI 시대에 접어들면서 우리는 큰 편리함과 효율성을 누리고 있지만 동시에 '배움의 주체성'과 '주체적인 생성 능력'을 상실할 위험에 직면해 있다. 이는 특히 직장인들에게 중요한 문제이다. AI가 많은 정보를 자동으로 제공하고 수많은 작업을 대신해 주는 상황에서 스스로 배우고 성장하는 능력이 약화될 수 있기 때문이다. 그러나 AI는 학습을 막는 장애물이 아니라, 오히려 '도구'로서 현명하게 활용할 때 개인의 학습 역량을 크게 확장할 수 있는 잠재력을 지닌다.

다음은 AI를 활용하면서도 주체적으로 배우고 성장할 수 있는 직장인들을 위한 조언이다.

① 배움의 주체성 회복 : AI는 도구, 주체는 '나'

AI의 도움을 받더라도 학습과 업무에서 항상 '나는 어떤 문제를 해결하려고 하는가', '무엇을 알고, 무엇을 더 알아야 하는가'라는 근본적 질문을 스스로 던지는 습관이 필요하다. AI가 제공한 해답을 무비판적으로 수용하지 말고, 그 내용을 검증하고 의문을 품으며, 스스로 추가 탐구하는 '비판적 사고'를 키워야 한다. 이 과정에서 AI는 '생각의 보조자'가 되어줄 뿐, 주체적으로 새로운 지식과 통찰을 만드는 일은 여전히 인간의 몫이다.

② 생성 능력 강화 : 단순 복제가 아니라 새로운 창출로

AI는 방대한 정보를 요약하고 기본적인 문서 초안을 만드는 데 탁월하지만, '창의적인 재구성'과 '맥락에 맞는 적용'은 인간이 반드시 맡아야 한다. 보고서 작성, 문제 해결, 기획안 마련 등에서 AI가 준 아이디어를 바탕으로 자신만의 독특한 관점과 해법을 더해야 한다. 예를 들어, AI가 제시한 데이터 분석 결과를 받아들일 뿐 아니라, 그 한계와 가능성을 스스로 검토하고, 조직 특성에 맞는 실행 전략을 더하는 작업이 중요하다. 이를 통해 단순한 '복제자'가 아니라 '창조자'로서의 역할을 되찾을 수 있다.

③ AI 활용 학습법 : 능동적 상호작용과 피드백 중시

목표 설정과 계획 수립 시 AI를 활용할 때도 자신만의 명확한 학습 목표와 계획을 세워야 한다. 단순히 AI가 제공하는 정보를 받는 '수동적 존재'가 아니라, 구체적인 질문과 과제를 AI에게 던지며 학습의 방향을 주도해야 한다.

④ 적극적 질문과 검증

AI가 생성한 답변에 대해 '왜 그럴까?', '다른 관점은 없을까?' 같은 질문을 던지고, 추가 자료 조사와 토론을 통해 확장하고 깊이 있는 이해를 추구하는 습관이 필요하다.

⑤ 실천과 성찰 병행

AI로부터 얻은 지식을 실제 업무에 적용해 보고, 그 경험을 바탕으로 성공과 실패를 분석하며 스스로 배우는 순환 구조를 만들어야 한다.

⑥ 동료와의 협업 및 토론 적극 활용

AI 도구와 함께 동료와 아이디어를 나누고 피드백을 주고받는 과정이 배움의 깊이를 더한다. 협업 환경이 없는 경우(소규모 조직일 경우) 온라인 커뮤니티나 외부 포럼 활동도 좋은 방법이다.

무엇보다 현대 직장인은 빠르게 변하는 환경에 적응하기 위해 자기 주도 학습 역량을 키워야 한다. AI가 제공하는 정보와 도구를 활용하되, 여전히 스스로 책을 읽고, 강의를 듣고, 실습하고, 경험에서 배우는 노력이 필요하다. AI는 '학습 자원'과 '학습 파트너' 역할을 할 수 있지만, 최종 성장은 인간 주체의 꾸준한 반복과 고민에서 나온다. 즉, AI 활용과 전통적 학습의 균형 감각이 중요하다. AI가 직장인에게 강력한 학습과 업무 도구임은 분명하다. 하지만 AI가 만들어 내는 결과물에 안주하며 '받아쓰기'만 하는 순간, 학습의 주체성과 생성 능력은 약화된다. 반면, AI를 '스스로 생각하는 힘'을 키우는 보조 수단으로 활용하면, 학습 효율은 물론 창의력과 문제 해결력도 극대화할 수 있다.

배움의 주체인 내가 AI와 함께 성장하는 문화와 습관을 만드는 것이, AI 시대 직장인이 반드시 고민해야 할 중요한 과제임을 다시 한번 기억해 주기를 바란다.

2.

과정이 사라진다

: 결과 중심 사고는 문제 해결 능력을 감소시킨다

마음챙김mindfulness의 어머니, 하버드대학교 심리학 교수 엘런 랭거Ellen Langer는 학교 교육에서 결과(성적, 점수)만 중시하는 풍토가 학습자의 전인적 성장을 방해하고, 일종의 무사유mindless 상태를 유발한다고 말한다. 즉, 결과만을 목표로 하면 '어떻게 배우는지'와 '어떻게 문제를 해결하는지'에 대한 의문과 탐구 없이 주어진 답만을 수동적으로 따

라 하는 습관이 생기게 된다. 이런 상태에서는 실패에 대한 두려움이 커지고, 창의적 문제 해결이나 새로운 시도가 감소하며, 결국 장기적이고 근본적인 성장에 걸림돌이 된다. 특히나 개인의 성장 관점에서 결과만을 중요시할 때 발생하는 문제와 그 영향은 생각보다도 더 심각하기에, 현실적이고 심층적인 측면에서 진지하게 고민할 필요가 있다.

기업 차원에서도 결과 중심 문화가 문제 해결 능력 저하와 장기적 실패를 초래한다는 것은 이미 잘 알려진 사실이다. 과정에 대한 고민과 문제 해결 역량을 등한시하면 성장과 역량 개발에 심각한 제약을 받을 수밖에 없다. 먼저, 결과에만 집착하는 태도는 '과정을 만드는 힘', 즉 문제 해결 과정 자체를 설계하고 관리하는 능력을 약화시킨다. 예를 들어, 업무나 프로젝트에서 빠른 결과 도출에만 초점을 맞추고, '왜 그렇게 해야 하는지', '어떤 방법이 최선인지' 충분히 고민하지 않는다면, 표면적인 해결책에 머무르고 근본 원인 탐색이나 창의적 접근은 부진하게 된다. 이런 환경에서는 시행착오를 두려워하고, 깊이 있는 분석과 탐구를 소홀히 하게 되어 문제 해결 역량이 점점 위축될 수밖에 없다.

또한 과정의 중요성을 간과하면 개인의 '학습력'과 '성장력'이 크게 저하된다. 사람은 누구나 과정을 통해 문제를 해결하는 과정 자체가 경험으로 쌓이고, 이를 통해 새로운 지식과 기술, 사고방식을 익히게 된다. 그러나 결과만 중시하면 반복적이고 표면적인 업무 수행에 머무르면서 스스로 생각하고 배우는 기회가 줄어들고, 이는 개인의 전문성과 경쟁력 약화로 이어진다. 특히 AI와 같은 자동화된 도구를 활용하는 시대일수록, 인간만이 할 수 있는 깊이 있는 사고와 문제 해결 능력은 더욱 가치 있는 자산이 된다.

개인뿐만 아니라 조직에서도 결과 위주의 접근은 '실패를 통한 학습'과 '과정 속에서의 피드백' 문화를 저해한다. 개인이 실패를 두려워해 과정에 대한 충분한 검토나 도전을 회피한다면, 단순히 주어진 틀 내에서만 움직이게 되고 더 나은 해결책의 발견 가능성을 제한하게 된다. 과정에 대한 성찰과 개선이 없는 결과 중심 행동은 결국 동일한 실수를 반복하게 만들고, 개인의 발전을 정체시킨다. 한 번 저하된 과정 설계력, 문제 해결 능력, 자기 주도적 학습력, 창의적 사고는 곧 조직의 장기적 성장과 성공에 부정적으로 작용한다. 따라서 AI 시대에 더욱 강조되어야 할 것은 단순히 결과물을 빠르게 얻는 능력이 아니라, 문제의 근본을 이해하고 다양한 변수와 맥락을 고려하여 스스로 해결책을 만들어 내는 '과정 중심적 사고'와 '능동적 학습 자세'이다.

이런 맥락에서 옥스퍼드대학교 교수이자 인공지능 윤리 전문가인 루치아노 플로리디Luciano Floridi는 AI가 인간의 인지적 노동을 대체하면서, 인간이 비판적으로 사고하고 복잡한 문제를 해결하는 능력이 약화될 수 있다고 경고했다. AI가 '생각'을 대신해 주면서, 인간은 '생각하는 방법'을 잃어버릴 수 있다는 것이다. 또한 많은 미래학자들도 미래 사회에서는 '개념적 사고'나 '종합적 사고'처럼 AI가 쉽게 모방할 수 없는 인간 고유의 사고 능력이 더욱 중요해질 것이라고 말하고 있다. AI가 주는 결과물을 맹신하는 것이 아니라, 그 결과를 바탕으로 우리 스스로 질문을 만들고, 더 나은 해결책을 탐구하는 노력이 필요하다는 것이다.

요약하면, 단순히 답을 얻는 것보다 그 답을 찾아가는 과정을 배우고, 그 속에서 생각하는 힘을 길러야 한다. 결국 AI 시대에는 AI가 줄 수 없는 우리만의 '과정'을 존중하고, 그 안에서 얻는 통찰력과 역량을 키우는 것이 핵심이다. AI는 훌륭한 도구지만, 우리의 뇌를 훈련시키는 기회마저 포기해서는 안 된다. 우리 모두 결과가 아닌 과정을 통해 성장하는 인간임을 잊지 말아야 할 것이다. 중요한 것은 AI라는 새로운 매개자를 단순히 '결과 제공자'로만 취급하는 데서 벗어나, 그 효율성을 극대화하면서도 건강한 '프로세스'를 재정립하는 일이다. 이에 XYZ 모두가 공감하며 실천할 수 있는 두 가지 AI 활용 가이던스를 다음과 같이 제시한다.

① 항상 의심해라
: AI의 효과는 선명하다, 그러나 그 한계도 자명하다.

AI의 강점은 명확하다. 방대한 데이터도 순식간에 처리하고, 고도로 복잡한 계산과 분석도 효율적으로 수행한다. 반복적이고 정형화된 업무에서는 인간보다 훨씬 빠르고 정확하게 결과를 도출하는 것이 현실이다. 보고서 작성, 시장 예측, 고객 분석, 자동 번역, 문장 교정 등 다양한 영역에서 AI는 이미 많은 시간을 절약해 주며, 품질과 일관성도 높이고 있다. 그러나 이러한 '효율성'만 강조하다 보면 발생하는 함정들이 존재한다. AI가 생성하는 결과는 주로 과거 데이터와 통계, 기계 학습에 기반하기 때문에, 그 자체가 '맥락', '감성', '미묘한 뉘앙스'와 같은 인간적 경험을 완벽히 반영하기 어렵다.

무엇보다 AI가 제공하는 답변에는 의심의 여지없는 '정답'이 아닌, 가

끔씩 편향되거나 심각한 오류가 섞여 있을 수 있다. 최종 판단력과 책임은 언제나 우리 인간에게 있음을 간과한다면, 결과물의 품질 감소와 신뢰성 훼손, 무비판적 의존성의 심화라는 부작용이 발생할 수 있다. 그러므로 AI 결과의 효율성은 적극 수용하되, 그 자체로 모든 문제를 해결하려는 태도는 위험하며, 이를 아우르는 '프로세스'의 혁신이 핵심 과제이다.

② 과정을 추가하라
: AI를 매개자로 하는 새로운 프로세스를 정립하라.

기존 업무 프로세스는 '문제 정의 → 조사 분석 → 결과 도출 → 보고 및 결정'의 순차적 단순 구조가 많았다. 여기에 AI가 투입되면 '조사 분석 → 결과 도출'은 자동화되거나 대폭 가속화되지만, 문제는 이 과정의 전후, 즉 '문제 정의'와 '결과 해석 및 조치' 부분에서 인간의 비판적 사고와 상호작용이 결여될 위험이 크다는 데 있다. 따라서 AI를 단순한 '결과 생성기'나 '자동 처리 도구'가 아니라 '인간–기계 협업'의 매개체로 재설계하고 활용하는 다음과 같은 프로세스(단계, 과정)가 필요하다.

- 주체적 문제 정의와 목표 설정 : AI에 작업을 맡기기 전, 인간이 문제의 본질과 목적을 명확히 규정해야 한다. AI는 주어진 질문에 답하지만, 질문의 질은 인간의 몫이다.
- AI 결과에 대한 비판적 해석 및 재가공 : AI가 내놓은 결과를 그대로 수용하기보다, 인간이 맥락에 맞게 해석하고, 부족한 부분을 보

완하여 재편집하는 작업이 필수적이다.

- 협업적 피드백 루프 구축 : AI와 인간이 상호 피드백을 주고받는 반복적 프로세스를 통해 결과의 정확성과 실효성을 높이고, 지속 가능한 개선을 도모해야 한다.
- 과정 중심의 학습과 역량 강화 : 결과만이 아니라 '과정' 자체를 중시하는 학습 문화가 필요하다. AI 결과를 바탕으로 한 문제 해결 과정에서 끊임없이 질문하고, 토론하고, 개선하는 역량을 키우는 것이 중요하다.

이러한 프로세스를 구조적으로 추가하고 반영한다면, AI의 효율성을 극대화하면서도 동시에 조직과 개인의 판단력, 창의력, 문제 해결 능력을 조화롭게 강화할 수 있을 것으로 기대한다. 이와 같은 새로운 AI 매개 프로세스는 단순한 작업 자동화에서 한 단계 진화한 '지능형 협업' 모델을 제시하며, 이는 조직과 개인이 AI를 일방적으로 사용하는 것이 아니라, 상호 보완하고 협력하며 전반적 역량을 높이는 구조이다. 이러한 진화는 AI가 제시한 다양한 선택지를 인간들이 모여 토의하며, 복합 문제 해결력을 강화할 수 있도록 촉진한다. 또한 AI가 빠른 결과를 제공하는 대신, 인간은 '왜'와 '어떻게'라는 질문에 집중해 고유 영역을 확보할 수 있다. 이 일련의 과정을 통해 학습과 성장의 과정 중심 문화가 확산될 수 있고, 결론적으로 결과가 아니라 과정에 투자하는 문화가 만들어져 조직의 민첩성과 혁신성이 증대될 것이다.

결국 AI가 주는 결과의 효율성을 완전히 배제하는 것은 현실적이지도, 그렇다고 현명하지도 않다. 하지만 단순히 AI 결과만을 맹신하고 의존하는 태도는 생존의 문제로 이어진다. 진정한 발전은 AI라는 새로운 매개체를 중심으로 프로세스를 재정립하여, 인간과 AI가 각자의 강점을 살리고 상호 보완하는 '지능형 협업' 문화를 만드는 데 있다. 이 과정에서 인간은 주체적으로 문제를 정의하고, AI 결과를 비판적으로 해석하며, 과정 중심의 학습과 반복 피드백을 통해 조직과 개인의 역량을 지속적으로 강화해야 한다. 이처럼 AI와 인간이 조화를 이루는 프로세스 혁신만이 AI 시대에 경쟁력과 지속 가능성을 보장하는 길이다.

AI는 빠르고 방대한 결과를 제공하는 강력한 동력이지만, '과정'이라는 인간의 영역을 존중하고 결합하지 않는 한 그 결과는 깊이와 의미를 잃는다. 그러므로 우리는 AI 시대에도 '효율성'과 '사고의 깊이'를 동시에 추구하는 프로세스 재창조에 집중해야 한다.

3.

책임이 사라진다

: 타인의 창작물, 저작권 사용, 데이터 보안에 대한 민감성 실종

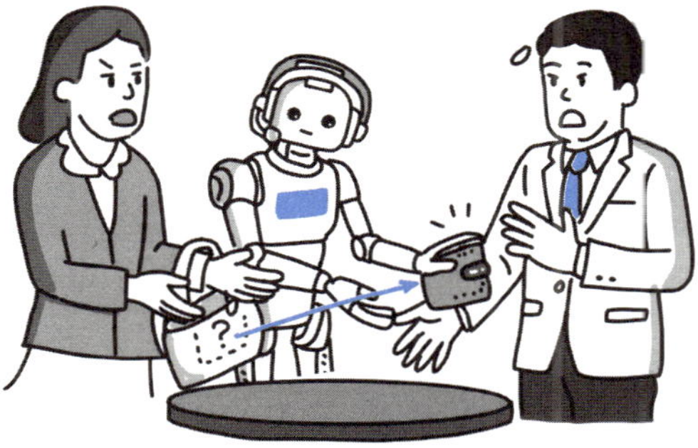

최근 AI 기술이 빠르게 발전하면서 AI에 활용된 데이터의 저작권 문제가 심각하게 대두되고 있다. 대표적으로 미국 〈뉴욕타임즈〉가 오픈AI를 상대로 자사 기사가 AI 학습 데이터로 무단 활용되었다며 저작권 침해 소송을 제기한 사례가 있다. 또한 미국 최대 이미지 플랫폼인 게티이미지는 AI 이미지 생성 기술 업체 스태빌리티 AI가 수백만 장의 이미지를 무단으로 사용했다고 강력히 주장하며 저작권 침해 소송을 내기도 했다. 이와 비슷하게 구글과 메타를 포함한 여러 빅테크 기업이 생성형 AI를 운영하며 불법 데이터 수집 및 사용에 대한 법적 문제에 직면하고 있다.

이러한 사례들은 AI가 기존 창작물을 대량으로 학습하여 새로운 콘텐츠를 생성하는 과정에서 발생하는 저작권 문제의 심각성을 보여 준다. 즉, AI 학습에 원저작자의 동의 없이 콘텐츠를 수집하고 활용하면서 발생하는 저작권 침해 논란이 확대되고 있는 것이다. 생성된 AI 산출물의 저작권 귀속 문제와 함께, 원천 데이터의 저작권 보호는 앞으로도 계속 논쟁과 법적 분쟁의 중심에 있을 것으로 예상된다. 문제는 우리 직장 내에서도 타인의 창작물을 출처 없이 사용하거나, 허가 없이 무단 활용하는 사례가 점차 늘고 있다는 점이다. 특히 AI 생성 콘텐츠를 활용하는 과정에서 'AI가 만들어줬으니 괜찮다'는 인식이 퍼지면서 저작권 및 개인정보 보호에 대한 경각심이 낮아지는 경향이 있다. 직원들이 AI 툴을 업무에 활용할 때, 저작권의 법적 책임과 데이터 출처 관리를 충분히 인지하지 못해 무심코 저작권 침해나 내부 보안 규정을 위반하는 사례가 발생하고 있다.

또 다른 심각한 문제는 데이터 보안에 대한 임직원들의 민감성이 저하되고 있다는 점이다. 한국 IT 담당자를 대상으로 한 설문 조사에 의하면, 데이터 유출 위협의 가장 큰 요인은 해커보다는 내부 직원의 실수(55%)로 나타났다. 많은 직장인이 업무상 민감한 데이터 보호의 중요성을 체감하고 있지만 실제 개인 차원에서의 보안 인식과 행동은 미흡한 상황이다. 개인정보 유출 후에도 서비스를 계속 이용한다거나 보안 정책을 철저히 확인하지 않는 태도 또한 흔히 관찰된다 기업 내에서는 업무 저작물의 저작권 귀속 문제도 흔한 분쟁 사유로, 재직 중 만든 자료는 회사가 저작권을 갖는 경우가 대부분인데 퇴사자들이 이를 무단으로 사용하는 이슈가 지속되면서 회사와 직원 간 법적 다툼이 발생하기도 한다. 이런 상황은 저작권과 데이터 보안 관련 교육 및 인식 제고의 절실함을 반증한다.

이처럼 AI가 생성하는 콘텐츠는 기존의 창작물을 다량 학습하여 생성되는 만큼, 저작권 침해 우려가 심각하며, 관련 소송과 법적 대응도 이루어지고 있다. 또한 직장 내에서 AI 콘텐츠 활용 시 저작권 출처 표기와 데이터 보안 규정 준수가 미흡해 무단 사용과 내부 보안 사고 위험이 증가하고 있다. 데이터 유출 사고 다수는 내부 직원의 실수에서 기인하며, 개인과 조직 모두 보안 의식 강화 및 관리 체계 구축이 절실하다. 업무상 저작물의 저작권은 대부분 회사에 귀속되므로 퇴사 후 무단 사용 시 법적 문제가 발생할 수 있으므로 주의가 필요하다. 따라서 직장인과 기업은 AI 활용에 따른 저작권, 데이터 보안 정책에 대한 명확한 이해와 교육 강화, 사전 예방 노력을 병행해야 한다.

아직까지는 이와 같은 문제에 대해 심각하게 고민하거나, 걱정하는 분위기는 아닌 것은 확실하다. 다만, 앞으로는 이런 문제가 더욱 커질 수 있다. 최근 유럽연합(EU)에서 AI법을 제정하면서 AI 시스템의 투명성, 안전성, 그리고 책임성을 강조하기 시작했다. AI 개발자와 사용자 모두에게 명확한 책임과 의무를 부여해서, AI가 가져올 수 있는 부작용을 최소화하려는 것이다. 그리고 EU뿐만 아니라 다양한 학술 기관에서도 단순히 기술 발전만 외칠 게 아니라 그에 따른 사회적, 윤리적 책임을 분명히 해야 한다는 주장과 인식이 전 세계적으로 확산되고 있다.

디지털 윤리 전문가 션 인그램Sean Ingham 같은 학자들은 AI 시대에 '디지털 시민 의식'의 중요성을 강조하고 있다. AI를 사용하는 개개인이 자신의 행동이 가져올 파급 효과를 인지하고, 타인의 권리와 정보를 존중하는 태도를 가져야 한다는 것이다. 그동안 우리는 너무 편리함만 좇았던 것 같다. 하지만 앞으로는 AI를 사용할 때도 이게 어디서 온 정보인지, 입력하는 정보는 어떻게 처리될지, 그리고 이로 인해 발생할 수 있는 책임은 무엇인지 한 번쯤 더 생각해 보는 습관을 들여야 할 필요가 있다. AI는 강력한 도구지만, 그만큼 사용자의 윤리 의식과 책임감이 뒷받침되어야 한다. '편리함'과 '책임감' 사이의 적절한 균형을 찾아서, 기술적 혜택을 누리면서도 우리가 지켜야 할 기본적인 윤리적 원칙들을 잊지 않도록 늘 경계해야 할 것이다.

AI로 만든 창작물은 누가 만든 것인가? AI가? 내가?

창작의 세계에서 '창작자'라는 명칭은 단순히 무언가를 만들어 냈다는 이유만으로는 자동으로 주어지지 않는다. 진정한 창작자라면 그 결과물에 대한 온전한 책임을 져야 한다. 글이든 그림이든 음악이든, 그 결과물이 세상에 나와 독자와 청자, 사용자들에게 영향을 미치는 순간부터 창작자는 그에 따른 법적·윤리적, 사회적 책임을 지게 된다. 그런데 최근 AI 기술이 창작의 영역에 깊숙이 스며들면서, 이 책임의 개념이 점차 희미해지고 있다. 특히 AI를 업무나 창작 과정에서 활용하는 사람들이 늘어남에 따라, 결과물은 만들었지만 그 과정과 내용에 대해 깊이 고민하지 않거나, 책임을 본질적으로 외면하는 사례가 늘고 있다.

많은 직장인이 AI를 편리한 '작업 도우미'로 이미 활용하고 있다. 회의록 정리, 보고서 작성, 시장 분석 자료 초안 등 다양한 업무 과정에서 AI의 속도와 효율성을 체감한다. 그러나 그 편리함에 취해 기업의 내부 문서, 기밀 계약서 내용, 고객 개인정보와 같은 민감 데이터를 필터 없이 AI에 입력하는 경우가 적지 않다. 문제는 생성형 AI나 클라우드 기반 도구의 경우 입력된 정보가 서비스 운영사 서버에 일시적으로 저장되거나, 향후 모델 개선 과정에서 활용될 수 있다는 점이다. 아무리 보안 장치가 있다고 하더라도, 정보가 외부로 노출될 가능성이 완전히 사라지는 것은 아니다. 이런 상황을 책임 있는 창작자의 관점에서 바라본다면, 이는 그 순간부터 창작자가 아니라 단순한 '위험 전파자'가 되는 행위이다. 본인의 창작 과정에서 기업이나 타인의 중요한 자산을 함부로 취급하는 것은 '결과물의 질' 이전에 '창작자의 자격'—윤리—을 무너뜨리는 행동이다.

타인의 창작물이나 AI 결과물을 무책임하게 활용하는 태도도 문제이다. AI가 만든 텍스트, 이미지, 음악 등은 매우 매력적으로 보인다. 단시간에 높은 완성도를 구현해 주기 때문이다. 그러나 그 결과물의 기원에는 기존 창작자들의 작품, 즉 누군가의 노동과 시간이 녹아 있다. AI가 학습한 데이터셋에는 수많은 사람들의 창작물이 포함되어 있고, 그 가운데 일부는 저작권이 여전히 유효하다. 이러한 사실을 고민하지 않고 AI가 만든 결과물을 마치 자신의 창작물인 양 무단 활용하거나, 다른 창작자의 작품을 '참고'라는 명목으로 거의 그대로 가져다 쓰는 것은 결코 창작자의 자세가 아니다. 그것은 '창조'가 아니라 '변형된 복제'이며, 자신의 이름을 걸고 결과물에 책임을 질 수 없는 위험한 행동이다.

진정한 창작자는 무엇을 가져왔는지, 어떻게 썼는지, 그리고 그 선택에 대해 당당히 설명할 수 있는 사람이다. 그런 의미에서 진정한 창작자로서 AI를 활용하고자 한다면, 타인의 창작물에만 의존하는 습관을 버려야 한다. 이른바 자기 창작력이 사라지기 때문이다. 창작 능력은 단지 '아이디어가 떠오르는 능력'이 아니다. 문제를 발견하고, 재료를 모으고, 구조를 설계하고, 시행착오를 거쳐 완성해 내는 모든 복합적 능력을 포함한다. 그런데 타인의 완성된 창작물이나 AI가 즉시 제공하는 결과물에만 의존하다 보면, 이 전 과정을 경험할 기회가 줄어든다.

결과적으로 자신만의 창작 과정 설계 능력, 문제 해결 능력, 표현력이 점점 약화되며, '창작자'가 아닌 '결과물 소비자'로 전락하게 된다. 이는 단순히 창작력 부족으로 끝나지 않고, 장기적으로는 자신만의 시각과 목소리를 잃는 것을 의미한다. 다시 말해, '빨리' 완성하는 데 익숙해질수록 '깊이'와 '독창성'은 줄어들 수밖에 없다. 이에 AI 시대에서 창작자로 남기 위해 XYZ는 다음과 같은 기본 태도를 갖출 필요가 있다.

- **결과물의 출처와 과정에 대한 투명성 유지** : AI를 활용했다면 활용한 부분을 명확히 밝혀야 하고, 그 과정에서 사용한 데이터와 자료의 출처를 기록해야 한다.
- **민감 정보 보호 의식** : 기업 내부 데이터나 타인의 개인정보는 설령 AI에 입력하면 더 편해지더라도 절대 사용하지 않는 원칙을 지켜야 한다.
- **타인의 창작물 존중** : 참고와 모방의 경계를 명확히 인식하고, 인용 시 출처와 권리를 존중해야 한다.
- **자기 창작 과정 강화** : AI나 기존 자료는 '참고 자료'일 뿐, 최종 설계와 결정, 편집은 스스로의 힘으로 수행하는 습관을 유지해야 한다.

정리하면, 창작자의 조건, 그 첫 번째는 결과물에 대한 온전한 책임이다. AI 시대라고 해서 이 원칙이 변하는 것은 아니다. 오히려 AI라는 새로운 도구가 생긴 만큼, 창작자가 스스로의 책임에 더 엄격해져야 한다. 기업의 민감 정보를 무심코 AI에 입력하거나, 타인의 창작물을 아무 생각 없이 가져다 쓰는 행위는 창작의 본질을 훼손하는 일이다. 더 나아가, 타인의 결과물에만 의존하다 보면 창작자로서의 근육이 약해지고, 자신의 목소리를 잃게 된다. AI는 창작을 돕는 도구이지, 창작자의 책임을 대신 떠맡아 주는 방패가 아니다. 결과물에 대한 책임과 주체성을 지키는 것, 그것이 오늘날 창작자가 반드시 가져야 할 가장 중요한 필수 조건이다.

4.

다양성이 사라진다

: 알고리즘, 확률 기반 AI가 만드는 동일성 그리고 편향

추천 알고리즘과 AI가 만들어 내는 과제 결과물이 모두 비슷해지는 현상은 현대 사회와 직장인의 창의성 저하 문제를 단적으로 보여준다. 추천 알고리즘은 개인별 취향이나 행동 패턴을 분석해 맞춤형 콘텐츠를 제공함으로써 편리함을 주지만, 동시에 '필터 버블'이나 '에코 챔버' 현상을 만들어 내며 다양성과 창의성을 저해하는 폐해도 만연하다. 추천 알고리즘은 비슷한 유형의 정보와 아이디어만을 반복적으로 노출시키며, 사용자는 알고리즘이 제시하는 검증되고 반복된 답안에 점점 의존하게 된다.

이로 인해 개인의 고유한 사고와 독창성은 약화되고, 결국 AI가 만들어준 과제 결과물도 하나같이 유사한 형식과 내용으로 획일화되는 현상이 나타난다. 학생들이 AI를 이용해 과제를 작성할 때, '정답'이나 '가장 효율적인 방법' 위주로 작성하게 되는 것도 같은 맥락이다. 이는 창의적 사고를 위축시키고, 문제 해결을 위한 다양한 시도와 탐색 과정

을 크게 줄인다. 또한 추천 알고리즘의 반복적 패턴 학습은 '정형화된 사고방식'을 강화하는 부작용을 낳는다. AI가 제시하는 최적 솔루션을 수용하는 데 집중하는 동안, 사용자는 새로운 접근이나 비판적 질문을 던질 기회를 잃고, '기성 답변'에 안주하게 된다.

이와 같은 현상은 직장 내 보고서나 기획안 작성, 문제 해결 과정에서도 나타나며, 조직 내 혁신 저해 요인으로 작용한다. 더 심각한 점은, 이런 유사성 문제가 '창의성의 실종'으로 이어지는 것이다. 창의성은 시행착오와 다양한 시도를 거쳐 길러지는데, AI에 의존하면 실패로부터 배우는 경험 부족과 다양한 관점 탐구 부족에 직면하게 된다. 나아가, AI가 통계적 유사성과 과거 데이터를 바탕으로 결과물을 생성하므로, '새로운 통찰'과 '독창적 아이디어' 생성에는 한계가 있다.

추천 알고리즘과 AI의 편리함 뒤에는 '사고의 편협화', '창의성 저하'라는 그림자가 존재하며, 이는 미래 사회와 직장인의 문제 해결 역량 저하로 연결될 위험이 있다. 이를 극복하기 위해서는 AI와 추천 시스템을 맹목적으로 따르기보다는, 비판적 사고와 창의적 고민, 그리고 다양한 경험과 시도를 결합하는 노력이 필수적이다. 이 같은 추천 알고리즘과 AI 활용의 폐해는 사회 전반적으로 주목받고 있으며, 이를 보완하기 위한 '협업적 인간-AI 상호작용', '과정 중심 학습 강화', '창의적 문제 해결 지원' 방안들이 논의되고 있다.

대표적으로 유네스코UNESCO는 'AI 윤리 권고안'을 통해 AI 시스템의 투명성, 공정성, 책임성, 그리고 다양성 존중을 핵심 가치로 강조하고 있다. AI가 가져올 수 있는 편향과 불공정성을 인지하고, 이를 최소화하려는 노력이 필요하다는 것이다. 단순히 효율만 추구해서는 안 된다. 역시나 비슷한 맥락에서 캐시 오닐Cathy O'Neil 같은 데이터 과학자들은 알고리즘이 어떻게 사회적 불평등을 재생산하고 심화시킬 수 있는지에 대해 신랄하게 비판하고 있다. 알고리즘 자체가 '객관적'이라기보다는, 그 안에 데이터를 만들고 설계한 사람들의 편견이 녹아들 수 있다는 점을 지적하면서, 알고리즘의 투명성과 책임성을 강력히 요구하고 있다.

이에 우리는 앞으로 AI 추천 서비스나 검색 결과를 볼 때도, '이게 나한테 가장 좋다고 하지만 혹시 다른 건 없을까?', '이 정보 외에 다른 관점은 없을까?' 하고 한 번 더 생각해 볼 필요가 있다. AI가 분명 우리 삶을 풍요롭게 할 수 있지만, 그 과정에서 다양성을 잃지 않도록 우리 스스로 의식적으로 노력해야 한다. 이를 위해서는 새로운 시도나 다른 관점을 일부러 찾아보는 연습이 필요하다. AI가 만들어 내는 동일성과 편향에 갇히지 않으려면, 우리가 끊임없이 의문을 제기하고, 다양한 관점을 탐색하며, 우리 사회의 다채로움을 지키려는 노력을 게을리하지 않아야 한다.

알고리즘이 만드는 정보의 틀 안에 갇히지 않고, 자신의 시야와 사고를 확장하는 구체적 방법을 다음과 같이 제시한다. 꼭 다음의 제안이 아니더라도 이 책의 독자들만큼은 자기만의 방식으로 추천 알고리즘이 주는 익숙하고 반복적인 정보 패턴에서 벗어나 호기심을 키우고, 일부러 '무관심 영역'에 관심을 기울이는 여러 전략들을 수립하고 수행하기를 바란다.

알고리즘으로부터 탈옥하기 : 자유로운 사고 확장법

의도적으로 무관심 영역에 관심 갖기

관심 있거나 익숙한 분야 외에 평소 잘 접하지 않는 주제, 산업, 문화, 관점에 대해 의식적으로 정보를 찾아보는 습관을 들이는 것이 중요하다. 예를 들어, 평소 업무 관련 뉴스만 본다면 예술, 과학, 인문학 등 전혀 다른 분야의 글이나 다큐멘터리를 일부러 시간을 내서라도 한 번쯤 접해 보는 것이다.

호기심 기반 탐색 강화

알고리즘이 추천하는 콘텐츠가 아니라, 자신의 질문과 문제의식에 따라 검색어를 직접 작성하고 탐색하는 방식을 권장한다. '왜?', '어떻게?'와 같은 근본적 의문에 집중하고, 답변을 찾는 과정 자체를 즐기는 태도가 중요하다. 알림과 콘텐츠 추천 알림을 잠시 꺼두고, 스스로 찾아다니는 정보 습득 방식을 어느 정도는 유지하는 것이 좋다.

다양한 관점과 대안 비교하기

하나의 주제에 대해 여러 출처와 관점을 비교하며 읽고, 추천 알고리즘에 갇히지 않도록 해야 한다. 이는 서로 다른 의견이 공존하는 토론과 논쟁을 경험하여 사고의 폭을 넓히고 편향성을 줄이는 방법이다.

평가와 비판적 사고 적용

추천 알고리즘이 주는 '검증된', '가장 인기 있는 정보'도, 무비판적으로 수용하기보다 진위, 신뢰성, 맥락을 스스로 평가하는 훈련이 필요하다. AI나 알고리즘 결과물은 출발점일 뿐, 자신의 판단력과 해석이 반드시 따라야 한다.

인간과의 대화 및 협업 강화

가상의 네트워크보다 인간 네트워크를 통해 다양한 의견과 지식을 수집하는 것도 중요한 확장 방법이다. 토론, 워크숍, 독서모임 등을 통해 서로 다른 관점을 접하며 알고리즘 한계 밖의 인사이트를 얻을 수 있다.

이처럼 자신의 의도적 노력으로 무관심 영역에 눈을 돌리고, 비판적·호기심 기반 탐색과 다양한 정보원을 활용하는 생활 습관을 들이면, 알고리즘이 제시하는 한계를 극복하고 창의성과 통찰이 풍부한 시야를 가질 수 있다. 이는 AI·디지털 정보 시대에도 인간 고유의 사고 역량을 지키고 성장시키는 핵심 열쇠이다.

GPT를 잡아내는 유용한 툴들

GPT 등 AI 창작물을 탐지하고 판별하는 데 유용한 주요 도구들을 소개한다. 이러한 AI 탐지 툴은 AI가 작성한 텍스트나 이미지, 음악 등 다양한 창작물을 자동으로 감지해 내어, AI 생성 여부를 확인하고 진위 판단에 도움을 준다.

텍스트 탐지기

AIDP

도구명 : AI Detector Pro
대상 : GPT, Claude, Gemini 등
주요 특징
- 문장 구조·의미 일관성, 패턴 분석
- 다중 모델 지원

활용 팁 : AI 및 사람 작성 문구 혼합 시 감지 가능

ZeroGPT

도구명 : ZeroGPT
대상 : GPT 등 주요 LLM
주요 특징
- 98% 이상 정확도
- AI 작성 비율 백분율로 제공

활용 팁 : 대량 텍스트 검증 시 유용

Dupli Checker

도구명 : Duplichecker AI Detector
대상 : 다국어 텍스트
주요 특징
- 무료
- 간단한 인터페이스
- 다국어 지원

활용 팁 : 교육기관, 블로그 등 폭넓게 활용

WORDVICE.AI

도구명 : Wordvice AI Detector
대상 : 학술 문서, 학위논문
주요 특징
- 정밀 감지
- 학술적 무결성 검증에 특화

활용 팁 : 논문, 연구자료 검증에 적합

이미지·예술 식별

RUTGERS THE STATE UNIVERSITY OF NEW JERSEY

도구명 : AI 이미지 분석 시스템(Rutgers대·네덜란드 연구팀)
대상 : AI 생성 예술, 회화
주요 특징
- 붓터치·패턴 분석을 통한 진위 판별

활용 팁 : 디지털 아트·작품 진품 확인 시 활용

올인원 감지기

HIX AI

도구명 : HIX Bypass
대상 : 텍스트·이미지 혼합
주요 특징
- 여러 AI 감지기 통합
- 다국어 지원

활용 팁 : 콘텐츠 제작 전 최종 검증에 적합

AISEO

도구명 : AISEO AI Detector
대상 : 텍스트 중심
주요 특징
- 높은 정확도
- 단순 인터페이스

활용 팁 : 블로거·마케터용

Smodin

도구명 : Smodin
대상 : 멀티포맷
주요 특징
- 문서·이미지·번역 AI 탐지
- 통합 플랫폼

활용 팁 : 해외 클라이언트 검수 업무에 활용

UNITE.AI

도구명 : Unite.ai
대상 : 종합 감지
주요 특징
- 최신 모델 감지
- 비교 분석 기능

활용 팁 : AI 탐지 학습 및 교육 자료 제작에 유용

AI 탐지 도구는 텍스트, 이미지 등 AI 창작물의 특징을 정밀 분석해 생성 여부를 판단한다. 인간과 AI가 작성한 콘텐츠를 식별하는 알고리즘은 문장 구조, 의미 일관성, 패턴 분석 등을 종합하여 작동한다. AI 생성 콘텐츠 탐지는 점점 정교해지고 있으므로, AI를 활용하는 개인과 조직은 신뢰성 확보와 윤리적 대응을 위해 탐지 도구를 함께 활용하는 것이 바람직하다. 이 정보를 통해 AI 콘텐츠의 출처를 정확히 확인하고, 적절한 윤리적·법적 대응을 준비하는 데 도움이 되길 바란다.

Chapter

6

실제 기업 사례
: AI 기반 세대 공감 프로젝트

세대 차이는 오랫동안 조직 내 가장 다루기 어려운 과제 중 하나였다. 업무 방식, 소통 스타일, 심지어 회의에서 말하는 속도까지 세대마다 달랐다. 이 차이는 종종 '오해'로 번졌고, 협업의 효율을 떨어뜨리는 요인이 되었다.

그런데 AI의 등장은 이 간극을 줄이는 새로운 가능성을 열었다. 데이터를 실시간으로 공유하고, 프로젝트 상황을 한눈에 파악하며, 맞춤형 교육과 피드백을 제공하는 도구들이 등장하면서 세대별로 다른 강점과 취향이 오히려 조직의 자산이 되기 시작한 것이다.

이 장에서는 실제 글로벌·국내 기업들이 AI를 기반으로 세대 간 공감과 협업을 강화한 사례를 살펴본다.

플랫폼을 통한 직원 경험 혁신, 역멘토링, 데이터 분석 플랫폼, 실시간 산업 모니터링, AI 기반 교육 플랫폼까지 각각의 사례는 '기술'이 아니라 '사람'을 중심에 둔 접근으로 세대 차이를 조직 경쟁력으로 바꾸어 냈다.

지금부터 살펴볼 5개의 이야기는 "우리 조직에 AI를 어떻게 녹여낼 것인가?"라는 질문에 매우 구체적인 힌트를 줄 것이다. 그리고 무엇보다, AI가 세대를 연결하는 새로운 다리가 될 수 있음을 증명해 줄 것이다.

1.

Microsoft

: Viva가 바꾼 세대 공감 조직문화

Microsoft는 오랫동안 생산성 툴 분야의 선두주자였다. 하지만 코로나19 팬데믹 이후, 이들은 단순한 '업무 생산성'보다 직원 경험employee experience의 질을 높이는 데 집중했다. 그 해답으로 내놓은 것이

Microsoft Viva다.

Viva의 핵심 : 직원 경험을 한 화면에

Viva는 단순한 협업 툴이 아니다. 이메일, 회의, 파일 공유, 학습, 피드백 등 각각의 플랫폼에 흩어져 있던 기능들을 하나의 통합 환경에서 제공한다. 특히 AI가 실시간으로 콘텐츠 품질을 분석하고 데이터를 시각화하여 관리자와 직원 모두가 같은 정보를 볼 수 있도록 한다. 이 기능은 세대별로 다른 장점을 준다.

- X세대 관리자 : '감'이 아니라 데이터로 팀 상황을 파악할 수 있어 신뢰도가 높아진다.
- Y세대 팀 리더 : 피드백 루프가 빨라져 멀티태스킹 환경에서 의사결정을 더 민첩하게 내릴 수 있다.
- Z세대 실무자 : 실시간 알림과 맞춤형 추천을 통해 필요한 정보를 '찾는' 시간이 줄어든다.

AI의 역할 : 품질과 참여도를 동시에 높이다

Microsoft는 Viva에 생성형 AI를 깊이 통합했다. 예를 들어, 사내 교육 콘텐츠를 업로드하면 AI가 자동으로 요약본, 퀴즈, 참고 자료 링크를 생성한다. 또한 각 직원의 학습 패턴과 직무 데이터를 분석해 맞춤형 학습 경로를 추천한다.

한 프로젝트 매니저의 말이 인상 깊다

"예전에는 교육 자료를 만들면 '읽었을까?'라는 불안이 항상 있었어요.

이제는 AI가 누가 읽었는지, 어느 부분에서 멈췄는지, 어떤 질문을 했는지까지 알려줍니다.

그냥 자료를 배포하는 게 아니라, '배움이 일어나는 과정'을 관리하게 된 거죠."

세대 공감 포인트 : '같은 데이터'로 대화하기

Viva의 가장 큰 문화적 효과는 '같은 데이터'를 보게 만든다는 점이다. 회의에서 X세대 관리자는 그래프와 수치를, Z세대는 실시간 피드백 알림과 인게이지먼트 점수를 동시에 본다. 각자가 선호하는 형식은 다르지만, 기반이 되는 데이터는 동일하다.

이 덕분에 "느낌상 좋은 것 같아." 대신 "참여율이 지난달보다 12% 올랐어."라는 구체적 대화가 가능해진다.

실행 과정 : 기술보다 문화가 먼저

Microsoft는 Viva 도입 초기에 기능 교육보다 '왜 쓰는지'에 집중했다. 직원들에게는 "이건 감시 툴이 아니라, 업무 경험을 개선하는 플랫폼"이라는 메시지를 반복적으로 전달했다.

관리자에게는 성과 관리보다 동기부여에 Viva 데이터를 활용하는 법을 교육했다. 문화적 저항을 최소화한 후에야, 기능 활용률이 폭발적으로 증가했다.

성과 : 직원 경험 지표의 변화

도입 1년 후 Microsoft 내부 조사에서 다음과 같은 변화가 나타났다.

- 직원 참여도(engagement score) 평균 15% 향상
- 온라인 교육 이수율 40% 이상 증가
- 부서 간 프로젝트 협업 건수 1.5배 증가

특히, "우리 조직은 나를 존중하고 성장시켜 준다."라는 응답이 전 세대에서 동시에 상승했다는 점이 의미 깊다. AI가 세대별 언어 차이를 메우고, 공통의 '경험 언어'를 만든 결과이다.

2.

Deloitte

: AI가 만든 세대 역멘토링(reverse mentoring)의 새 모델

Deloitte는 전 세계에서 33만 명 이상의 직원을 둔 글로벌 컨설팅 기업이다. 이 거대 조직이 직면한 문제 중 하나는, 세대별 디지털 역량 격차였다. 특히 디지털 네이티브인 Z세대와 아날로그 환경에서 커리어를 시작한 X세대 간 기술 격차는 업무 효율성뿐 아니라 조직문화에도 영향을 미쳤다.

왜 '역멘토링'인가 : 세대 간 지식 흐름을 뒤집다

전통적인 멘토링은 일반적으로 경력이 많은 선배가 후배를 지도한다. 하지만 Deloitte는 이 구조를 뒤집었다. 디지털 트렌드, AI 툴 활용, 소셜미디어 전략 등 젊은 세대가 강점을 가진 영역에서, 오히려 신입이나 주니어 직원이 시니어 직원의 '멘토'가 된다. 여기에 AI를 결합한 것이 Deloitte의 혁신 포인트이다. 그들은 AI를 단순한 교육 콘텐츠 제공 도구가 아니라, 세대 간 대화를 매개하고, 학습 과정을 맞춤 설계하는 '중간 통역기'로 활용했다.

실행 구조 : AI와 사람이 함께 짜는 커리큘럼

Deloitte의 역멘토링 프로그램은 다음과 같이 진행된다.

① AI 매칭 시스템

AI가 멘토와 멘티의 프로필(기술 수준, 관심 분야, 학습 목표, 근무 형태 등)을 분석해 최적의 매칭을 제안한다.

예 : AI 프롬프트 작성이 서툰 부서장 + 챗봇 기획 프로젝트를 진행한 2년 차 주니어

② 맞춤형 학습 계획 생성

AI가 멘티의 요구사항과 멘토의 전문성을 바탕으로 6~8주짜리 맞춤형 학습 계획을 만든다. 여기에는 주차별 주제, 참고 자료, 실습 과제가 포함된다.

③ 대화 촉진자 역할

멘토링 세션에서 AI는 실시간 메모와 요약을 제공하고, 필요한 경우 추가 자료나 시각 자료를 즉시 추천한다. 예를 들어, 멘토가 "이건 인스타그램 광고 사례를 보면 좋아요."라고 말하면, AI는 3초 안에 최신 캠페인 자료를 띄운다.

세대별 이점

- 시니어 멘티(X) : 기술 학습의 진입 장벽이 낮아진다. AI가 설명을 반복하거나 비유를 제시해 주므로 이해 속도가 빨라진다.
- 주니어 멘토(Y·Z) : 가르치는 과정에서 AI의 도움을 받아 더 깊이 있는 설명이 가능하다. 시니어의 풍부한 비즈니스 사례를 배우는 '역학습' 효과도 있다.
- 조직 전체 : AI가 학습 데이터를 분석해 조직 차원에서 부족한 디지털 역량 영역을 파악하고, 다음 기수의 교육에 반영한다.

사례 : AI가 제3의 멘토가 됐다

한 마케팅 부서의 부서장은 보고서 작성에 AI를 어떻게 활용하는지 배우고 싶어 했다. 매칭된 멘토는 입사 1년 차 Z세대 사원이었다. 첫 세션에서 멘토는 챗GPT로 자료를 요약하고, Canva로 시각 자료를 만드는 방법을 보여줬다. AI는 여기서 한발 더 나아가, 해당 부서장의 과거 보고서를 분석해 "이런 스타일의 시각 자료를 선호한다."는 인사이트를 제공했다. 이 덕분에 교육 내용은 멘티의 실제 업무와 바로 연결됐다.

부서장은 “주니어에게 배우는 게 어색했는데, AI가 ‘중간 다리’ 역할을 해주니 오히려 자연스러웠다.”고 말했다. 멘토 역시 “AI가 자료를 보강해 주니까, 설명에 자신감이 생겼다.”고 했다.

성과 : 기술 학습 이상의 변화

도입 1년 후, Deloitte는 다음과 같은 변화를 기록했다.

- 시니어 리더의 AI 툴 활용률 2.3배 증가
- 세대 간 협업 프로젝트 증가율 40% 상승
- 멘토링 종료 후에도 자발적으로 함께 일하는 ‘크로스 제너레이션 팀’ 다수 형성

무엇보다도, 세대 간 ‘서로 모른다’는 장벽이 허물어졌다. AI는 그저 툴이었지만, 그 툴을 매개로 나눈 대화와 경험이 관계를 바꾼 것이다.

시사점 : AI는 멘토도, 멘티도 아니다

Deloitte 사례에서 배울 수 있는 것은 AI가 ‘멘토’도 ‘멘티’도 아니라는 점이다. 그것은 대화의 맥락을 풍부하게 만들고, 학습 속도를 높이는 촉진자이다. 세대가 서로에게 배우는 구조를 만들고, 그 위에 AI라는 중간 통역기를 올리면 지식의 흐름은 훨씬 자연스럽고 빠르게 흐른다.

3.

LG전자

: AI·빅데이터로 강화하는 전사 협업

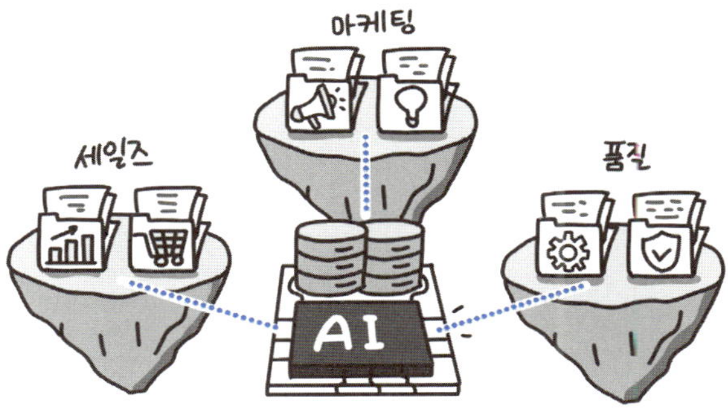

LG전자는 글로벌 가전·IT 기업이지만, 직원들이 모두 IT 전문가인 것은 아니다. 여전히 많은 부서에서는 데이터 분석을 '전문가의 영역'이라고 생각한다. 마케팅팀은 캠페인 성과 데이터를, 영업팀은 판매 추이를, 품질팀은 고객 불만 데이터를 갖고 있지만, 이들을 하나로 묶어 '전사적 인사이트'로 변환하는 과정은 복잡하고 오랜 시간이 걸렸다. LG

전자가 직면한 문제는 명확했다. 데이터는 많지만, 분석과 활용이 일부 인력에 집중돼 있었다. 이로 인해 협업이 늦어지고, 부서별 의사결정이 단편적일 수밖에 없었다.

문제 정의 : 데이터의 '사일로(silo)' 현상

LG전자 내부에서는 각 부서가 자체적으로 데이터를 수집·보관하는 구조였다. 문제는 이런 데이터가 다른 부서와 실시간으로 공유되지 않는다는 점이었다. 예를 들어, 한 지역 영업팀이 확보한 판매 피드백이 제품개발팀까지 도달하려면, 중간보고서 작성 → 부서장 승인 → 이메일 전송 → 회의 공유라는 긴 절차를 거쳐야 했다. 이 '사일로 현상'은 빠른 대응이 필요한 시장 환경에서 치명적이었다. 특히 신제품 출시 후 초기 3개월 동안의 소비자 반응을 즉각 반영하지 못하면, 경쟁사에 비해 개선 속도가 뒤처질 위험이 컸다.

솔루션 : 모든 직원을 '데이터 사용자'로 만든 AI 플랫폼

LG전자는 IT 전문가가 아니어도 쉽게 사용할 수 있는 AI 기반 데이터 분석 플랫폼을 도입했다. 이 플랫폼은 사내 데이터베이스, 고객센터 콜로그, 온라인 리뷰, 판매 현황, 생산 데이터 등 방대한 정보를 한곳에 모아 AI가 실시간 분석한다. 핵심은 자연어 질의Natural Language Query, NLQ 기능이다. 직원은 마치 검색창에 질문하듯, "지난 분기 북미지역 냉장고 불량률 추이 알려줘."라고 입력하면, AI가 관련 데이터를 불러와 시각화한 그래프와 함께 원인 분석 초안까지 제시한다.

사용 방식 : 부서 간 협업이 빨라지다

- 마케팅팀 : 신제품 캠페인 후, AI를 통해 지역별 판대량과 온라인 리뷰 감성 분석 결과를 동시에 확인. 결과를 제품기획팀에 바로 전달해 다음 분기 전략에 반영
- 품질팀 : 소비자 불만 유형을 실시간으로 분류해 불량 원인 상위 3가지를 추출. 생산라인에 즉각 전달해 개선 작업 착수
- 영업팀 : 경쟁사 동향 데이터를 AI로 모니터링해 판촉 전략 조정. 이 데이터는 마케팅팀과도 공유돼 전사 캠페인 메시지가 통일됨

이 과정에서 보고서 작성·승인 절차가 간소화되고, '회의를 열기 전에 이미 실행'하는 문화가 자리 잡기 시작했다.

성과 : '빅데이터'가 아닌 '패스트데이터'로

플랫폼 도입 1년 만에 나타난 변화는 다음과 같다.

- 데이터 분석 요청 대비 처리 속도 60% 단축
- 부서 간 협업 프로젝트 수 2배 증가
- 신제품 개선 주기 평균 3개월 → 1.5개월로 단축

직원 만족도 조사에서도 "데이터 접근성이 높아졌다."는 응답이 80% 이상이었다. 특히 비전문직 직원들이 "데이터를 처음으로 내 손으로 다뤄봤다."고 답한 비율이 높았다.

시사점 : 데이터 리터러시(Digital Literacy)의 확산

LG전자 사례가 주는 메시지는 분명하다. AI가 데이터 분석의 '전문가 독점'을 깨면, 조직의 모든 구성원이 의사결정 과정에 직접 참여할 수 있다. 과거에는 데이터 분석 보고서를 기다리는 '수동적 소비자'였던 직원이, 이제는 AI 플랫폼을 활용해 필요한 정보를 즉시 찾아내고, 그 자리에서 실행 계획을 세우는 '능동적 생산자'가 된다.

실제로 LG전자는 AI 기반 분석 플랫폼을 활용해 마케팅, 제품 개발, 제조 등 여러 부문에서 데이터 기반 협업을 강화하고 있다. 전사 단위의 빠른 의사결정과 부서 간 협업을 지원하는 체계를 마련하며, AI 기반 협업 환경의 대표적인 사례로 꼽힌다.

이러한 변화는 구성원 개인의 데이터 리터러시를 높일 뿐 아니라, 조직 전체가 더 빠르고 정교하게 대응하는 '데이터 중심 조직'으로 전환하는 데 중요한 역할을 한다.

4.

POSCO

: AI 검색으로 여는 글로벌 실시간 인사이트

포스코는 세계적인 철강 기업이지만, 사업 영역은 철강에만 국한되지 않는다. 이차전지 소재, 친환경 에너지, 신소재 개발 등 다양한 분야로 사업을 확장하고 있다. 이렇게 산업 포트폴리오가 넓어질수록 전 세계

각지에서 일어나는 시장 변화와 산업 이슈를 실시간으로 파악하는 능력이 중요해진다.

문제 정의 : 정보의 '속도'와 '정확도' 사이에서

포스코 임직원들은 글로벌 시장 이슈를 파악하기 위해 매일 아침 수십 개의 뉴스레터, 보고서, 시장 동향 리포트를 읽어야 했다. 문제는 두 가지였다.

- 속도 : 수집과 정리에 시간이 많이 걸려 의사결정 타이밍을 놓칠 수 있다.
- 정확도 : 출처와 신뢰도가 다양한 정보 중에서 핵심을 추리는 데 어려움이 있었다.

특히 이차전지 산업처럼 변화 속도가 빠른 분야에서는 '하루 늦은 정보'가 곧 '쓸모없는 정보'가 되는 경우가 많았다.

솔루션 : AI 기반 글로벌 이슈 모니터링 시스템

포스코는 생성형 AI를 활용한 지식 검색·분석 시스템을 구축해 전 세계 산업·소재 관련 뉴스와 주요 동향 정보를 자동으로 수집·번역·요약하고 있다. 임직원은 관심 키워드를 중심으로 필요한 정보를 실시간으로 탐색할 수 있으며, AI가 정리한 요약 리포트를 업무에 바로 활용할 수 있도록 지원받는다.

여기에 더해 포스코홀딩스는 AI 기반의 지식 검색·Q&A 플랫폼을 운영하며, 임직원들이 글로벌 산업·소재 이슈를 효율적으로 조회하고 요약된 인사이트를 얻을 수 있도록 돕고 있다. 이 시스템은 그룹 내 다양한 구성원이 필요한 정보를 손쉽게 찾고 활용할 수 있는 환경을 마련해, 전사적인 지식 기반 업무 효율 향상과 협업의 기반이 되고 있다.

사용 방식 : 부서별 맞춤형 정보 전달

- 연구개발(R&D) : 글로벌 특허 동향과 논문 트렌드를 매일 받아 경쟁사의 기술 개발 속도를 파악하고 연구 방향을 조정함
- 영업·마케팅 : 해외 시장 수요, 경쟁사 가격 변동, 정부 정책 변화를 실시간 확인. 이를 바탕으로 수출 전략과 가격 정책을 재조정함
- 전략기획 : 지정학적 리스크, 무역 규제, 환율 변동 같은 거시경제 지표를 종합 분석해 분기별 사업계획에 반영함

이 모든 과정에서 AI 요약 기능이 큰 역할을 한다. 과거에는 50페이지 보고서를 읽어야 알 수 있었던 핵심 내용을, 이제는 5분 안에 파악할 수 있다.

성과 : '정보 격차'가 아닌 '정보 동시성'

시스템 도입 후 나타난 가장 큰 변화는 정보 격차가 줄어든 것이다. 과거에는 특정 부서만 빠르게 정보를 입수하고, 다른 부서는 며칠 뒤 공유받는 경우가 많았다. 이제는 모두가 같은 시간대에 같은 정보를 받

아본다. 이는 부서 간 회의와 프로젝트 협업에서 큰 차이를 만든다. 예를 들어, 이차전지 원자재 가격이 급등한다는 AI 리포트를 영업·구매·생산 부서가 동시에 보고, 그 자리에서 대응책을 논의할 수 있게 됐다.

시사점 : '빠른 정보'가 만드는 조직 유연성

POSCO 사례는 정보의 동시성synchronicity이 조직 유연성의 핵심이라는 점을 보여준다. 아무리 뛰어난 전략이라도, 실행 타이밍을 놓치면 의미가 없다. AI 검색·분석 시스템은 전 직원이 '같은 타임라인' 위에서 움직이도록 만든다. 이로써 부서 간 이해관계 조율이 빨라지고, 전사적인 대응 속도 역시 향상된다.

5.

현대자동차그룹

: AI 기반 교육 플랫폼 '러닝라운지(e-Campus)'

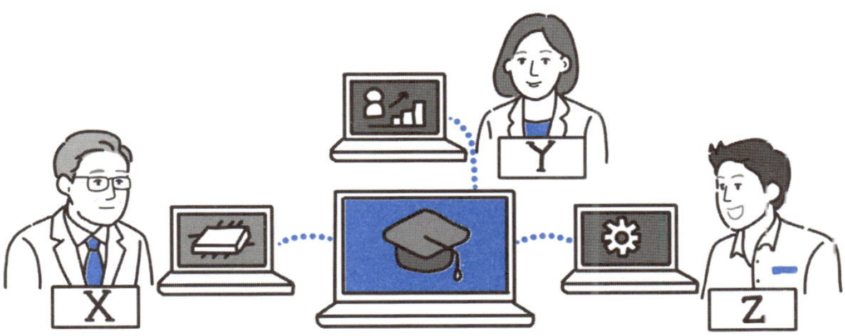

현대자동차그룹은 10만 명이 넘는 임직원을 보유한 글로벌 기업이다. 국내외 공장, 연구소, 영업망, 서비스 네트워크 등 전 세계 각지에 직원이 흩어져 있어, 직무·연차·지역에 관계없이 동일한 수준의 학습 기회를 제공하는 것이 중요한 과제였다.

문제 정의 : 지식 편차와 교육 기회의 불균형

과거 현대자동차그룹의 사내 교육은 주로 오프라인 강의나 정해진 시간에 참여하는 웨비나 중심이었다. 하지만 이 방식에는 다음과 같은 한계가 있었다.

- 접근성 문제 : 해외 주재원, 교대 근무자, 지방 사업장 근무자는 원하는 강의를 제시간에 듣기 어려움
- 콘텐츠 한정성 : 동일한 교육 콘텐츠가 전 직원에게 일괄 제공되어, 개인별 직무·수준에 맞춘 맞춤 학습이 어려움
- 속도 격차 : 기술 변화 속도에 비해 교육 커리큘럼 업데이트가 늦어, 현장에서 필요한 최신 지식 반영이 지연됨

솔루션 : AI 큐레이션 기반 학습 플랫폼 '러닝라운지'

- 실시간 피드백 : AI가 학습 진도와 이해도를 분석해 '복습 필요 영역'과 '심화 학습 추천'을 즉시 제시함

사용 방식 : 연차·직무 경계를 넘어선 학습

- 신입사원 : 입문 교육부터 최신 트렌드까지 AI가 수준별 경로를 추천해 빠르게 조직 적응 지원

  예 : 해외 영업팀 신입은 국제 무역 규제 강의를, R&D 신입은 최신 배터리 기술 세미나를 추천받음
- 중간 관리자 : 리더십, 프로젝트 관리, 데이터 분석 등 역할에 맞는 콘텐츠를 자동 큐레이션. 또한 팀원들의 학습 현황을 분석해 관리

자에게 팀 차원의 학습 전략을 제안함

- 시니어 직원 : 디지털 전환 속도를 따라가기 위해 기초부터 응용까지 연결된 과정 추천. AI가 눈높이에 맞는 콘텐츠를 제공해 학습 부담을 줄여줌

성과 : 학습 속도와 범위의 혁신

'러닝라운지' 도입 후 가장 큰 변화는 학습 속도의 압축이었다. 기존에는 정기 오프라인 교육을 기다려야 했지만, 이제는 필요한 순간 즉시 맞춤 학습이 가능해졌다.

- 교육 참여율 증가 : 도입 1년 만에 전사 교육 참여율 35% 이상 상승
- 직무 전환 지원 : AI 추천 학습 경로를 따라 이직·전환 배치 성공률이 높아짐
- 세대 간 학습 격차 해소 : 디지털 친숙도가 낮은 시니어 직원도 자신에게 맞는 기초 강의와 시뮬레이션을 통해 부담 없이 학습 가능

시사점 : AI는 '학습의 개인 비서'

현대자동차그룹의 사례는 AI가 교육 기회를 평등하게 만드는 힘을 잘 보여준다. 단순히 "누구나 강의를 볼 수 있다."에서 한 단계 나아가, "누구에게나 꼭 맞는 강의를 적시에 제공한다."로 교육 패러다임이 전환된 것이다. 결국 러닝라운지는 기술 교육뿐 아니라, 세대·직무·지역을 초월한 학습 공동체를 형성하는 데 기여하고 있다.

6.

마무리

: AI, 세대의 경계를 허무는 조직문화 실험실

이번 장에서 살펴본 다섯 사례는 서로 다른 산업, 규모, 문화 속에서 실행됐지만, 공통된 메시지를 전한다. AI는 단순한 생산성 도구가 아니라, 세대와 세대를 연결하는 '문화의 촉매제'라는 것이다. 마이크로소프트의 Viva는 전 세계에서 일하는 직원들의 목소리를 실시간으로 도으고, 딜로이트는 AI를 매개로 한 역멘토링으로 세대 간 지식의 흐름을 뒤집었다. LG전자는 데이터 문해력을 세대와 직무를 넘어 모두의 역량으로 만들었다. 포스코는 AI 검색 시스템으로 정보를 신속히 공유하며 부서의 벽을 허물었고, 현대자동차그룹은 맞춤형 학습 플랫폼으로 누구나 성장할 수 있는 길을 열었다.

이 모든 프로젝트의 핵심은 기술 그 자체가 아니라 사람'이다. AI는 어디까지나 촉진자이고, 그 위에 세대별 경험·가치·관점이 합쳐질 때 비로소 조직 전체가 움직인다. 앞으로 더 많은 기업이 AI를 조직문화 혁신의 무대에 올릴 것이다. 그 과정에서 우리는 더 자주 부딪히고, 더 자주 대화하고, 더 자주 서로의 언어를 번역하게 될 것이다.

결국, AI 기반 세대 공감 프로젝트의 성공 여부는 "이 기술이 우리를 더 가깝게 만들었는가?"라는 질문에 달려 있다. 이 질문에 "그렇다."고 답할 수 있다면, 그 조직은 이미 AI 시대의 협업 문화를 선도하고 있는 것이다.

Chapter

7

AI 시대 리더십과 팔로워십, 그리고 조직문화

1.

XYZ세대를 위한 리더십

AI가 단순히 업무 도구를 넘어 산업의 구조와 일하는 방식 자체를 바꾸는 시대, 우리는 각기 다른 경험과 가치관을 지닌 세대들과 한 공간에서 일하고 있다. 아날로그와 디지털의 경계에 서서 조직의 최고 위치로 달려가고 있는 X세대, 디지털 환경에 익숙하며 중간 관리자로서 성장을 갈망하는 Y세대(밀레니얼), 그리고 태생부터 디지털이 모국어인 Z세대까지. 이 세 세대의 성공적인 협업은 조직의 미래를 결정짓는 핵심 변수이다. 리더는 이제 단일한 리더십 모델을 고수할 수 없다. 각 세대의 특성을 깊이 이해하고 그들의 장점을 극대화하며, AI 시대에 맞는 새로운 역할을 부여하는 '오케스트라의 지휘자'가 되어야 한다.

X세대 : '낀 세대'에서 '경험의 설계자'로

X세대 실용주의와 경험, AI를 만나다

X세대는 한국 사회의 격변기를 온몸으로 겪으며 특유의 실용주의와 조직에 대한 헌신을 내재화한 세대이다. 이들은 아날로그 시대의 깊이 있는 인간관계와 디지털 시대의 효율성을 모두 경험한, 조직의 살아있는 역사이자 자산이다. 그러나 종종 변화에 더딘 '꼰대' 혹은 신구 세대 사이에 '낀 세대'로 치부되며, 그 가치를 제대로 인정받지 못하는 경우가 많다. AI 시대에 X세대의 역할은 재정의되어야 한다. 이들의 강점은 단편적인 지식이 아닌, 수많은 성공과 실패를 통해 축적된 '암묵지tacit knowledge'에 있다. AI가 데이터 기반의 빠른 분석과 예측을 제공한다면, X세대는 그 결과를 해석하고 복잡한 비즈니스 상황에 적용하며 최종 의사결정의 질을 높이는 '통찰력'을 발휘할 수 있다. AI의 속도에

인간의 깊이를 더하는 것, 이것이 X세대에게 주어진 새로운 미션이다.

X세대에게 필요한 리더십
: 자율성을 부여하는 '임파워링 리더십(empowering leadership)'

X세대를 움직이는 핵심 동력은 '인정'과 '자율'이다. 이미 수십 년간 조직의 룰에 따라 성실히 역할을 수행해 온 이들에게 필요한 것은 시시콜콜한 마이크로매니징이 아니다. 오히려 그들의 경험과 직관을 신뢰하고, 권한을 과감하게 위임하는 임파워링 리더십이 필수적이다. 리더는 X세대가 AI라는 새로운 도구를 활용해 자신의 업무 영역에서 '작은 CEO'처럼 활동할 수 있도록 판을 깔아주어야 한다. 이는 단순히 업무를 맡기는 것을 넘어, 실패할 자유까지 허용하는 것을 의미한다. X세대가 AI를 활용해 새로운 프로젝트를 시도하다가 좌절을 겪더라도, 이를 비난하기보다 경험 축적의 과정으로 인정하는 문화가 필요하다. 리더의 굳건한 신뢰 아래 X세대는 자신의 노하우를 AI와 결합하여 최고의 시너지를 내는 '경험의 설계자'로 거듭날 것이다.

사례 : Microsoft의 '코파일럿'과 숙련된 관리자

Microsoft는 자사의 생성형 AI '코파일럿Copilot'을 전사적으로 도입하여 숙련된 X세대 관리자들의 업무 방식을 혁신하고 있다. 이들 관리자는 코파일럿을 활용해 방대한 양의 내부 데이터를 분석하고 회의록을 요약하며, 보고서 초안을 작성하는 등 반복적인 업무 시간을 획기적으로 줄였다. 그 결과, 이들은 확보된 시간을 팀원들과의 1:1 미팅, 전략

구상, 신사업 기회 발굴 등 더 고차원적이고 인간적인 영역에 집중적으로 사용하고 있다. 이는 X세대의 경험과 AI의 효율성이 결합될 때 조직 관리가 어떻게 진화할 수 있는지를 보여주는 탁월한 사례이다. 리더십은 이들이 AI를 '감시자'가 아닌 '든든한 비서'로 느끼게끔 지원하는 데 초점을 맞췄다.

X세대의 AI 시대 생존법 : '경험의 데이터화'

X세대가 AI 시대에 대체 불가능한 인재로 남기 위해서는 자신의 '암묵지'를 '형식지explicit knowledge', 즉 데이터로 전환하는 노력이 필요하다. 자신의 성공 방정식, 위기관리 노하우, 고객 관리 비법 등을 AI가 학습할 수 있는 형태로 정리하고 공유하는 것이다. 이는 개인의 경험을 조직 전체의 자산으로 만들 뿐만 아니라, AI와 협업할 수 있는 명확한 토대를 마련해 준다. 결국 X세대는 'AI 조련사'이자 조직의 핵심 자산을 데이터화하는 아키텍트로서 자신의 가치를 증명해야 한다.

Y세대 : '워라밸'을 넘어 '성장 파트너'로

과정을 혁신하는 소통의 달인 Y세대

Y세대(밀레니얼)는 디지털 시대로의 전환을 주도하며 성장했고, 조직 내에서 효율적인 소통과 합리적인 프로세스를 중시하는 특징을 보인다. 이들은 단순히 결과만 좋으면 된다는 식의 업무 방식을 거부하

며, '왜 이 일을 하는가Purpose'에 대한 명확한 이해와 공정한 과정, 그리고 그 안에서 자신의 성장을 확인하고자 하는 욕구가 강하다. AI 시대에 Y세대의 역할은 '프로세스 혁신가'이자 '인간-AI 협업 설계자'가 되는 것이다. 이들은 조직의 비효율적인 부분을 찾아내고, AI 툴을 활용하여 이를 개선하는 데 탁월한 능력을 발휘할 수 있다. 슬랙Slack, 노션Notion, 아사나Asana 등 다양한 협업 툴에 익숙한 이들은 AI를 업무 프로세스에 자연스럽게 통합하여 조직 전체의 생산성을 한 단계 끌어올리는 역할을 맡아야 한다.

Y세대에게 필요한 리더십 : 성장과 의미를 부여하는 '변혁적 리더십'

Y세대는 '돈'만큼이나 '성장'과 '의미'를 중요한 보상으로 여긴다. 따라서 이들에게는 지시하고 통제하는 거래적 리더십transactional leadership보다, 영감을 주고 지적으로 자극하며 개별적인 배려를 제공하는 변혁적 리더십transformational leadership이 훨씬 효과적이다. 그렇게 성장한 Y세대가 그들의 장점을 살려 리더 역할을 하게 되면 팀원 및 후배들에게 조직의 비전을 명확히 제시하고, 현재의 업무가 그 비전 달성에 어떻게 기여하는지를 구체적으로 연결해 주어야 한다. 또한 Y세대 리더는 AI 기술을 적극적으로 학습하고 활용하여 자신의 커리어 경쟁력을 높일 수 있도록 지원하는 '성장 파트너'가 되어야 한다. 후배들에게 정기적인 피드백을 통해 방향성을 제시하고, AI 관련 교육이나 프로젝트 참여 기회를 제공함으로써 이들이 도태되지 않고 끊임없이 발전하고 있다는

확신을 심어 주어야 한다. Y세대에게 최고의 리더는 '똑똑한 상사'가 아니라 '나의 성장을 돕는 코치'였던 것처럼 후배들에게 성장을 지원하는 리더가 되어야 한다.

사례 : 현대카드의 'AI 카피라이터' 도입

현대카드는 마케팅 문구, 카드 상품 소개 등 다양한 텍스트를 생성하는 'AI 카피라이터'를 개발하여 실무에 도입했다. Y세대가 주축인 마케팅팀은 이 AI를 활용해 수많은 시안을 단시간에 생성하고, 인간은 그 결과물들을 바탕으로 최종 결과물을 다듬거나 창의적인 아이디어를 더하는 방식으로 협업한다. 이 과정에서 Y세대 리더들은 후배들에게 반복적인 아이디어 구상 작업에서 벗어나, 데이터 분석 기반의 고객 타깃팅 전략 수립이나 브랜딩과 같은 고부가가치 업무에 집중하게 했다. 이는 AI를 통해 후배들의 성장 욕구를 충족시키고, 업무의 의미를 부여한 변혁적 리더십의 좋은 예시이다.

AI 시대 생존법 : '질문하는 능력'

AI, 특히 생성형 AI의 성능은 사용자의 '질문prompt' 수준에 따라 극명한 차이를 보인다. Y세대는 AI 시대에 살아남기 위해 '답을 찾는 능력'을 넘어 '최고의 답을 이끌어 내는 질문을 설계하는 능력'을 길러야 한다. 비즈니스의 본질을 꿰뚫고, 문제의 핵심을 파고드는 날카로운 질문을 던질 수 있는 능력이야말로 AI가 대체할 수 없는 인간 고유의 역량이다. Y세대는 조직의 다양한 문제를 해결하기 위해 AI에게 어떻게 질문해야 하는지를 가장 잘 아는 '프롬프트 엔지니어'이자 '문제 해결 컨설턴트'로 자리매김해야 한다.

Z세대 : '디지털 네이티브'에서 'AI 크리에이터'로

Z세대 키워드 : 공정성, 투명성, 그리고 진정성

Z세대는 태어날 때부터 스마트폰과 소셜미디어를 경험한 진정한 '디지털 네이티브'다. 이들에게 디지털 공간은 현실 세계만큼이나 중요하며, 온라인에서의 소통과 자기표현이 매우 자연스럽다. 이들은 조직 생활에서 수직적인 위계질서보다는 수평적인 관계를 선호하며, 과정의 '공정성'과 결과의 '투명성'을 무엇보다 중시한다. 또한 짧은 호흡의 콘텐츠(숏폼)에 익숙해 즉각적인 피드백과 인정을 갈망하는 특징을 보인다.

AI 시대에 Z세대는 단순히 새로운 기술을 빠르게 습득하는 사용자를 넘어, AI를 활용해 기존에 없던 가치를 창출하는 'AI 네이티브 크리에이터'로서의 잠재력을 가지고 있다. 이들은 AI 툴을 마치 게임처럼 자유자재로 활용하며 자신만의 콘텐츠를 만들고 새로운 방식으로 문제를 해결하는 데 거리낌이 없다. 조직은 이들의 창의성을 가두기보다 마음껏 뛰놀 수 있는 '디지털 놀이터'를 제공해야 한다.

Z세대에게 필요한 리더십 : 권위보다 진정성, '코칭 리더십(Coaching Leadership)'과 '리버스 멘토링'

Z세대에게 직함이나 나이에서 비롯되는 권위는 더 이상 통하지 않는다. 그들이 따르는 리더는 '진정성authenticity'을 갖추고, 일방적으로 지시하기보다 함께 해결책을 모색하는 코칭 리더이다. 리더는 Z세대의 의견을 경청하고, 그들의 장점을 발견해 칭찬하며, 명확하고 논리적인 근거에 기반해 피드백을 제공해야 한다. '나 때는 말이야' 식의 접근은 Z세대의 마음을 닫게 만드는 가장 빠른 길이다.

특히 Z세대를 리딩할 때는 '리버스 멘토링reverse mentoring'을 적극적으로 도입할 필요가 있다. 최신 AI 기술이나 디지털 트렌드에 대해서는 Z세대가 X세대 리더보다 훨씬 뛰어난 전문가일 수 있다. 리더가 기꺼이 Z세대에게 배우는 자세를 보일 때, 세대 간의 벽은 허물어지고 진정한 파트너십이 형성될 수 있다. Z세대는 자신을 존중하고 자신의 재능을 인정해 주는 리더에게 무한한 충성심과 열정을 보인다.

사례 : 네이버웹툰의 'AI 페인터'

네이버웹툰은 웹툰 작가들의 창작 활동을 돕기 위해 'AI 페인터'와 같은 기술을 개발하여 지원하고 있다. Z세대가 다수 포진한 신진 작가들은 AI 페인터를 활용해 밑그림 채색 시간을 획기적으로 단축하고, 자신은 스토리 구성이나 캐릭터 설정과 같은 핵심적인 창작 활동에 더욱 몰입할 수 있다. 이는 Z세대의 창의성을 존중하고, 이들이 가장 잘할 수 있는 것에 집중하도록 AI 기술로 지원하는 코칭 리더십의 발현이다.

회사는 '도구'를 제공하고, 창작의 자율성은 작가에게 맡김으로써 Z세대 창작자들이 마음껏 역량을 펼칠 환경을 조성하고 있다.

Z세대 AI 시대 생존법 : '나만의 오리지널리티'

AI가 웬만한 수준의 글과 이미지, 코드를 순식간에 만들어 내는 시대, Z세대의 생존 전략은 역설적으로 'AI가 흉내낼 수 없는 나만의 개성과 철학'을 갖추는 것이다. 수많은 AI 생성물 속에서 돋보일 수 있는 독창적인 관점, 독특한 스타일, 깊이 있는 윤리의식을 갖춘 인재가 결국 시장의 선택을 받게 될 것이다. Z세대는 AI를 자신의 개성을 표현하는 가장 강력한 도구로 활용하되, 그 결과물에 자신만의 '영혼'을 불어넣는 작업을 게을리해서는 안 된다. AI 기술에 대한 이해를 바탕으로 자신만의 '오리지널리티'를 구축하는 것, 그것이 바로 Z세대의 길이다.

2.

XYZ세대를 위한 팔로워십

앞서 AI는 단순한 기술이 아니라 실존하는 행위자임을, 또한 어떤 역할을 부여하느냐에 따라 업무의 든든한 조력자뿐만 아니라 훌륭한 세대 간 중재자가 될 수 있다는 사실을 우리는 살펴보았다. 이제 모든 세

대를 불문하고 팔로워십은 특정 연령, 직급의 전유물이 아니라, AI와 함께 일하는 시대에 모두가 익혀야 할 협력의 문법文法이다. 이제 팔로워십은 업무와 지시 사항에 대한 이해력에서 관계에 대한 문해력으로 재정의가 필요하다. AI 환경에서 리더십은 단순한 역할이 아니라 관계의 함수이며, 그 관계의 절반을 이제 AI와 팔로워십이 결정한다. 그렇기에 팔로워십은 더 이상 복종이 아니라 공동 목표를 위해 필요한 관계를 재해석하고 빈틈을 메우는 고도로 지적이고 정서적인 노력이 되어 버렸다. 물론 이 과정에서 세대 간 강점을 활용하면 더욱 견고한 관계의 재해석이 가능하다. Z세대는 새로운 탐색과 실험에 강하고, X세대는 맥락과 판단에 강하다. 그리고 Y세대는 이와 같은 X세대와 Z세대를 아우르며, 조직의 든든한 다리 역할을 수행할 수 있다.

AI 시대에 팔로워십은 다음과 같은 프로세스로 진행된다.

첫 단계에서는 문제의 재정의problem reframing가 필요하다. 과거에는 지시를 받으면 곧장 실행을 하거나 지시 사항을 완수하기 위한 자료 수집과 학습을 했다면, 이제는 문제를 다시 써야 한다. 목적과 업무 지시의 전체적 맥락, 업무 성과를 판단하는 기준과 현실적 제약, 이 4가지 핵심을 포함한 문제 재정의는 더욱더 생산적인 업무 수행을 위한 사전 단계이자, 동시에 AI 프롬프트의 뼈대가 되어 결과의 품질을 크게 향상시킬 수 있다.

두 번째로 비판적 신뢰critical trust가 필요하다. 지시 사항 또는 해야 하는 업무에 대해서, 또한 AI의 제안 모두에 대해 불변의 진실(검증 예의)을 제외한 모든 것은 반드시 재검증해야 한다. 이는 단순히 사람이나 AI에 대한 불신이 아니라 품질에 대한 존중이다.

세 번째는 시각화 단계이다. 결국 조직의 의사결정권을 가진 리더에게 전달되는 모든 문서는 리더의 평소 의사결정과 보고서 선호 스타일에 맞게(예 : 서두는 간단히 요약하고, 핵심 근거만 명확하게, 대안을 포함할 것) 구성한다. 복잡한 글자, 숫자보다는 시각적으로 한눈에 핵심을 살펴볼 수 있는 다이어그램diagram, 수치화된 그래프 등을 AI를 활용하여 시각화하는 노력도 필요하다. 과거처럼 일일히 OA를 활용해 그리던 시대에는 이와 같은 단계가 불필요하다고 말하는 일부 사람도 존재했으나, 생성형 AI를 통한 시각화가 보편화되고 제작 관련 효율성이 크게 향상되었기 때문에 이제 이와 같은 시각화 역량은 필수적이며, 기대 수준도 높은 편이다.

X세대가 Y와 Z에게 바라는 팔로워십

이와 같은 전반적인 팔로워십의 변화는 인지하되, 세대별 특성에 맞게 다르게 적용하려는 노력도 필요하다. AI 전환기에 조직에서 X세대에게 실제로 필요한 것은 '세대적 강점을 발휘하는 방식'이 아니다. 대한민국의 X세대는 안타깝지만 사실 AI에는 크게 관심이 없다. 다만, Y나 Z세대가 세대를 불문하고 AI와 같이 급변하는 기술과 불확실성 속에서 스스로를 재정렬할 수 있는 팔로워십 역량을 스스로 갖추기를 바란다. 이 부분은 Z세대와 특히 X세대와 접점이 많은 Y세대가 꼭 참고하면 좋을 3가지 팔로워십 핵심 역량과 실천 지침들이다.

X세대는 원해요

근거 기반의 비판적 참여

X세대는 아래 세대, 특히 어느 정도 조직과 업무에 대한 이해를 갖춘 Y세대가 시키는 대로 수동적인 일하기도, 그렇다고 냉소적인 거리두기도 아닌 '근거 기반의 비판적 참여'의 팔로워십을 원한다. 그리고 이를 통해 이들의 결정을 보완하고, 더 낫게 만들어 주기를 바란다. 문제를 데이터로 재구성해 '의견' 대신 '검증 가능한 선택지'로 제시한다거나, 결정의 품질을 높이는 보완적인 질문들(예 : 발생할 수 있는 리스크와 대안, 가설 또는 가정)을 구조화하는 습관은 X세대 리더를 기쁘게 만든다(AI를 활용하면 보다 효과적이다). 특히 회의나 논의 시 반대가 필요하면 얼마든지 이야기하되, 반드시 해결안과 함께 말하고, 실행 전환까지 동행하기를 기대한다.

원칙을 지키며 위로 말하기

다음으로 무언가 문제가 발생하거나, 가치와 가치가 서로 충돌할 때 침묵하거나 방관하지 않고, 조직과 팀의 신뢰를 지키는 방향으로 적극적으로 말하는 팔로워십을 기대한다. 특히 Z세대에게는 기본적인 조직의 행동 규범과 비즈니스 매너를 지켜주기를 기대한다. 아무리 창의적인 의견이나 번뜩이는 AI 활용 능력도 사전 합의되지 않거나, 기본적인 조직의 규범과 윤리, 품질과 안전의 레드라인을 넘어 버리는 팔로워는 원하지 않는다.

작은 성공으로 설득하는 실행 팔로워십

Z세대는 물론이고 특히 Y세대는 말로 설득하기보다 성과로 설득하는 연습을 해야 한다. 무언가 큰 제안이나 기획안을 제시했을 때, 왜 우리 X세대 리더는 보수적이고 답답할까 고민하기보다 일련의 전체 과정 속에 최소파일럿MVP을 설정하고, A/B 실험과 전후 비교로 '효과 증거'를 시각화하여 리더의 긍정적 의사결정을 돕는 것이 필요하다. X세대는 Y나 Z보다 훨씬 더 오랜 시간 다양한 성과를 경험했으며, 이미 폭넓은 네트워크와 그들만의 지식 순환의 회로를 활용한다. 이는 말이나 문서로 그들을 변화시키기가 매우 어렵다는 의미이다. 바로 적용할 수 있는 현실성 있는 한 페이지 체크리스트, 한 가지 목표를 차근차근 달성하며 신뢰를 쌓아보자.

AI 시대, Y세대에게 요구되는 팔로워십

위에서 언급한 X세대가 바라는 팔로워십 외에도 Y세대 특성에 맞는 AI 시대에 요구되는 팔로워십 역량이 존재한다. Y세대(밀레니얼 세대)는 디지털 네이티브로서 도구 적응과 네트워크 협업에 강점이 있지만, 요즘 같은 AI 대전환기에는 단순한 '빠른 실행'만으로는 부족하다. 이제 Y세대에게 요구되는 팔로워십은 성과뿐만 아니라 리더 또는 잠재 리더(주무 팀원)로서 조직의 윤리와 관계(리더–동료–후배 간)의 균형을 적절하게 설계하며, 리더십을 능동적으로 실천하는 역량이다. 이 역량의 핵심은 크게 네 가지, 데이터로 말하고, 원칙으로 검증하며, 성과로 설득하고, 관점을 확산하는 것이다.

먼저, 데이터 주도 팔로워십은 의견이 아니라 검증 가능한 선택지를 제공하는 것이 중요하다. 예를 들어, "A안을 채택하면 응답시간은 25% 단축되지만, 예외 처리 건수가 증가할 수 있습니다. 2주 파일럿으로 A/B를 비교하고, 예외율＞2%면 롤백하겠습니다."와 같은 대화를 리더와 자연스럽게 나눌 수 있는 습관이 필요하다.

둘째, 원칙에 기반한 검증을 할 수 있어야 한다. 빠른 시도는 언제나 옳다. 하지만 이 일이 조직이나 팀 차원의 규범이나 윤리적인 부분에서 벗어나지는 않는지, 그리고 원칙에서 벗어난 부분은 과감하게 포기할 수 있는 용기가 필요하다.

셋째, 성과로 설득하는 것은 앞선 X세대가 바라는 팔로워십에 해당한다. 필요하다면 간단한 파일럿 테스트를 먼저 제안하는 것도 좋은 솔루션이 될 수 있다.

넷째, Y세대에게는 관점의 확산이 필요하다. 신입사원이거나 아직까지는 주니어로 불리는 Z세대들은 상관없다. 다만, 조직 경력이 높은 Z세대나 이미 어느 정도 고인물이 되어 가는 Y세대들에게는 이 네트워크 확산 역량이 필수적인 팔로워십의 필수 요소가 된다. 이제 혼자 잘하는 것이 아니라, 개인이 가진 역량을 리더나, 동료, 후배에게 아낌없이 내어주고, 개인의 학습이 아닌 조직의 학습 관점에서 바라볼 필요가 있다. Y세대는 현재 조직에서 영향력을 가장 빠르게 늘릴 수 있는 세대이다. 반대로 이야기하면 지금 관점의 확산을 이루지 않으면 나중에 더 큰 기회비용을 지불해야 할지 모른다.

AI 시대, Z세대에게 요구되는 팔로워십

Z세대는 디지털 친화성과 실험 지향으로 AI 현장 적용을 빠르게 추진할 잠재력이 매우 크지만, 실제 업무에서는 채택되거나 활용함에 있어 기존 구성원과 큰 격차를 보인다. 이와 같은 원인은 실제 업무를 수행함에 있어 필요한 필수적 경험, 조직과 업무에 대한 이해도보다 AI라는 도구를 과신하고, AI의 정보를 편향하는 실수를 일으키기 때문이다. 이에 조직과 다른 세대가 요구하는 Z세대의 팔로워십은 우선 조직의 구성원으로서 공통적으로 수행할 것으로 기대하는 행동양식(조직문화)과 규범을 준수하고, 끊임없이 배우고 성장하려는 열정을 가진 모범형exemplary 인재, 그리고 Z세대의 강점인 비판적 참여와 용기 있는 팔로워십이다.

오늘날 기업 현장에서 AI 활용은 급속도로 확산됐지만, 직군·세대별로 역량과 사용 빈도의 차이가 엄밀히 존재하며, 리더의 명확한 지원과 교육이 없을 때 현장 사용이 정체되는 경향이 확인되고 있다. 일부 조사에서는 Z세대의 AI 사용 의지와 기대가 높은 반면, 실제 AI를 활용한 업무 숙련과 활용도는 상급 연령대 대비 낮거나 고르지 않으며, 리더나 제도적 지원이 부족하면 개인기 중심으로 변절된다. 이에 Z세대에게 효과적인 팔로워십은 높은 비판적 사고와 적극적 참여를 결합해 리더에게 트렌디하고, 새로운 대안을 제시하며, 팀 목표 달성에 주도적으로 기여하는 모범형 특성을 요구한다.

그리고 이 일련의 과정은 결코 순탄하지 않다. 말이 쉽지 리더와 선배에게 이와 같은 팔로워십을 발휘하는 것이 어찌 순탄하겠는가. 그렇기에 마지막 핵심 팔로워십 역량이 '용기'이다. 이 용기를 발휘하기 위해서는 몇 가지 스킬이 필요하다. 우선 첫 번째는 수행 업무를 일차적으로 보고받는 선배 또는 리더의 기대 사항을 확인하고, 업무 성과 기준을 스스로 설계·검증하여 '의견'이 아닌 '검증 가능한 선택지'로 만들어내는 연습이 필요하다.

두 번째로 AI를 활용한 결과와 여기에 추가적으로 부여된 Z의 비판적 사고, 성찰 내용을 구분하여 설명하는 연습이 필요하다. 왜냐하면 앞서 설명한 바와 같이 AI 시대에 Z세대에게 요구되는 팔로워십은 단순한 도구 사용이 아닌 AI 기술을 업무에 내재화하여 조직의 신뢰 가능한 변화와 성과로 전환하는 능력이기 때문이다. 업무나 작업 과정의 로그를 기록하는 것도 좋은 습관이자 스킬이 될 수 있다. 이를 통해 리더나 선배, 동료가 비로소 단순한 기술을 사용해 결과물을 만든 Z가 아닌, 비판적 사고와 체계적 업무 처리 프로세스를 통해 성과를 만든 Z를 발견할 수 있을 것이다. 또한 이와 같은 습관은 추후 업무 과정을 복기하고, 이를 개선하는 데 필요한 필수적인 정보를 제공하여 Z의 성장을 가속화시켜 줄 것이다.

3.

XYZ세대를 위한 조직문화

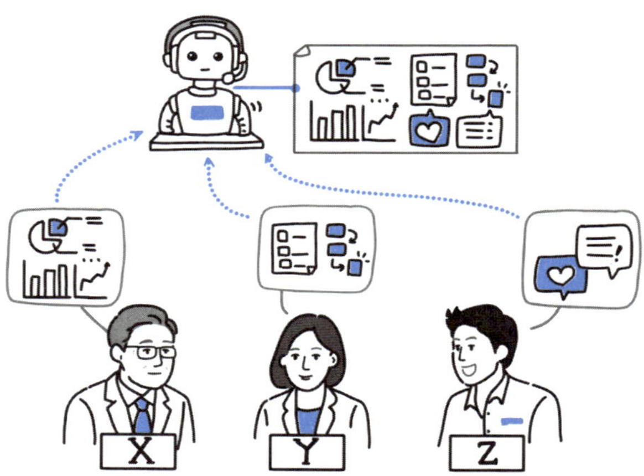

AI는 기술이 아니라, 세대 간 통역가이다

우리는 지금, 단순히 새로운 기술이 조직에 들어온 시대를 살고 있는 것이 아니다. AI의 등장은 업무 방식의 변화를 넘어, 조직문화 자체를 다시 쓰게 만드는 거대한 전환점이다. 과거의 조직문화는 '사람 대 사람'의 관계, 규율과 절차, 경험과 직관에 의존해 왔다. 하지만 이제 AI는 단순한 도구가 아니라, 사람과 사람 사이에서 이해와 협업을 매개하는 제3의 존재로 자리 잡아가고 있다.

특히 세대 차이가 두드러지는 한국 기업의 현실에서, AI는 더 큰 의미를 갖는다. X세대는 '내가 해온 방식'이라는 경험을, Y세대는 '함께 하는 힘'이라는 협력을, Z세대는 '속도와 디지털 친화성'을 강점으로 한다. 그러나 이 차이가 때로는 오해와 갈등으로 번진다. 회의 때 말하는 언어가 다르고, 문서를 작성하는 방식이 다르며, 일에 대한 기대치도 다르다.

이때 AI는 단순한 '자동 보고서 작성기'가 아니라, 세대 간 언어를 번역하고 오해를 줄이며, 서로의 빈틈을 메워주는 통역가로 기능한다. AI가 들어오면서 조직문화는 '갈등에서 협력으로' 진화할 수 있는 새로운 기회를 맞이하게 된다.

세대별 관점에서 본 AI와 조직문화

AI는 각 세대가 가진 특징과 강점을 더 빛나게 하고, 동시에 약점을 보완한다. 이를 통해 조직은 더 균형 잡힌 문화를 만들어 간다.

X세대 : 경험과 권위에서 데이터 기반 문화로

X세대가 의사결정을 내릴 때는 주로 경험과 직관이 근거였다. "내가 해봐서 아는데…"라는 말은 강력한 힘이었다. 그러나 AI는 경험이 설명하지 못하는 영역을 데이터로 보여준다. 숫자와 패턴으로 뒷받침된 의사결정은 X세대에게 새로운 설득력을 제공한다. 그 결과 X세대 리더들은 권위적 리더십에서 벗어나, 합리성과 투명성을 갖춘 데이터 기반 리더십으로 나아갈 수 있다.

Y세대 : 중재자·협력자의 역할을 강화

Y세대는 X와 Z 사이에서 가교 역할을 한다. 동시에 협업과 조율을 중시하는 세대이다. AI는 이들에게 번역·협업·피드백 기능을 제공한다. 회의에서 서로의 의견을 정리하고, 협업 툴에서 팀의 진행 상황을 시각화하며, 필요한 경우 실시간으로 용어를 설명한다. 이 과정에서 Y세대는 '좋은 중재자'라는 세대적 강점을 더욱 강화할 수 있다.

Z세대 : 속도와 실험의 문화 확산

Z세대는 새로운 시도를 두려워하지 않는다. 완벽하지 않아도 일단 해보는 것이 익숙하다. AI는 이들에게 프로토타입을 빠르게 만들고 아이디어를 실험할 수 있는 환경을 제공한다. Z세대의 문화가 AI와 결합하면서, 조직 전체에 '빠른 시도와 빠른 학습'이 확산된다. 실패조차 조직의 자산이 되는 분위기가 조성된다.

AI가 만드는 조직문화의 핵심 가치

AI가 만들어 내는 조직문화는 크게 세 가지 키워드로 요약할 수 있다.

- 투명성 : AI는 데이터와 기록을 기반으로 움직인다. "왜 이런 결정을 내렸는가?"라는 질문에 답을 할 수 있다. 이는 그동안 상명하달식으로 흐르던 불투명한 의사결정 문화를 바꾸고, 조직 전반에 신뢰를 퍼뜨린다.
- 포용성 : AI는 언어와 세대, 문화적 차이를 좁혀준다. 실시간 번역, 자동 요약, 전문용어 정리 기능은 세대별로 다른 배경을 가진 구성원들이 대화에 쉽게 참여하도록 만든다. 조직에서 '나도 낄 수 있다'는 경험은 곧 포용성의 확산으로 이어진다.
- 협력성 : AI는 각 개인의 강점을 보완한다. X세대의 경험, Y세대의 협력, Z세대의 속도를 AI가 연결하며, 개인 중심이 아니라 팀 중심의 성과가 가능해진다. 갈등을 줄이고, 협력의 장을 넓히는 힘이 바로 AI다.

AI와 함께 진화하는 조직문화 모델

조직문화가 AI와 함께 진화하는 과정은 크게 세 단계로 설명할 수 있다.

- 보조 단계(Assist) : AI는 단순한 보조 도구이다. 회의록 작성, 보고서 초안, 데이터 정리 같은 반복 업무를 맡는다.
- 협업 단계(Collaborate) : AI는 협업의 매개체로 기능한다. 세대별 언어 차이를 줄이고, 협업 툴 속에서 팀워크를 강화한다. AI가 없다면 일이 불편해지는 수준으로 자리 잡는다.
- 공진화 단계(Co-evolve) : AI와 함께 조직문화 자체가 재편된다. 단순히 업무 방식이 아니라, 가치관과 규범까지도 AI 활용을 전제로 바뀐다. 조직은 사람과 AI가 공존하며 함께 진화하는 방향으로 흘러간다.

실천 전략 : AI와 함께하는 조직문화 만들기

AI 시대의 조직문화를 말로만 그치지 않고 실천하기 위해서는 다음과 같은 전략이 필요하다.

세대별 AI 협업 체크리스트

- X세대 : 경험을 데이터로 보완하기
- Y세대 : 협업 툴을 통해 중재자 역할 강화하기
- Z세대 : 빠른 실험과 실패를 장려하는 문화 만들기

AI 기반 리더십 & 팔로워십 교육

AI 리터러시를 세대별로 맞춤화하여 리더와 팔로워 모두가 AI를 '공동의 언어'로 사용할 수 있게 한다.

AI 조직문화 워크숍

- X세대 : 경험 + AI 데이터 분석 실습
- Y세대 : AI 협업 툴을 활용한 팀 프로젝트
- Z세대 : AI 프로토타입 제작 및 피칭

실제 실습을 통해 AI 문화의 변화를 몸으로 경험하게 해야 한다.

5년 후, AI와 함께하는 조직문화 시나리오

5년 뒤의 회의실을 떠올려보자. 회의에는 AI가 '세대별 통역가'로 자리를 잡고 있다. 리더는 경험과 데이터에 근거해 결정을 내리고, 팔로워는 AI가 제시한 다양한 옵션을 함께 검토한다. 세대 간 오해는 줄어들고, 협력의 순간이 늘어난다.

조직은 더 이상 AI를 '위협'으로 보지 않는다. 오히려 'AI와 함께라서' 가능한 협력과 성과를 인정한다. AI는 당신의 자리를 빼앗는 적이 아니라, 당신이 더 잘 일할 수 있도록 돕는 동료이다. 그리고 그 동료와 함께 조직은 갈등에서 협력으로, 생존에서 진화로 나아간다.

4.

XYZ와 AI가 함께 일하는 7가지 방법

세대가 다르면 일의 언어도 다르다. X세대는 맥락과 책임, Y세대는 속도와 효율, Z세대는 투명성과 도구 친화성을 중시한다. AI는 이 다른 언어들을 하나의 작업 환경으로 번역해 주는 공용 인터페이스로서, XYZ 모든 세대가 함께 공감할 수 있는 그라운드 룰이 조직에서 필요하다. '누가 더 똑똑한가'가 아니라 '어떻게 함께 더 잘 일할 것인가'에 대한 일종의 합의문인 것이다. 세대 간 기대치와 방식의 차이를 AI로 조율하고, 각자의 강점을 손실 없이 연결할 필요가 있다.

AI는 자동화가 아니라 증폭이다. 회의·보고·지시·피드백·소통·학습·윤리라는 일의 결정적인 7가지 장면에 AI를 배치하면, XYZ의 지혜와 경험은 더욱 더 또렷해지고, 상호 간 반복과 소음은 줄어들 것이다. 핵심은 'AI와의 적절한 역할 분담'이다. AI는 초안과 단순 정리, 표준화된 정보검색과 효율(속도)을 책임지고, 사람은 전체적인 맥락과 최종적인 판단, 조직의 역학적 관계, 그리고 윤리를 책임져야 한다. 이에 XYZ

저자가 치열하게 논의하여 다음과 같이 그라운드 룰을 설정했고, 이 룰은 바로 그 분담 선을 명확히 긋는 지도가 되기를 바란다.

기술은 규칙이 있을 때 문화가 된다. AI를 아무나 아무렇게나 쓰면 편의는 생기지만 품질은 흔들린다. 반대로, 팀이 합의한 최소 구칙을 지키면 학습은 체계화되고 성과는 재현 가능해지며, 윤리는 기본값이 된다. 제안하는 다음 7가지 룰은 어디까지나 최소한의 프레임으로, 조직 상황과 맥락에 맞게 얼마든지 수정하여 활용도 가능할 것이다.

[Ground Rule] AI와 함께 행복하게 일하는 7가지 방법

회의

시작은 AI이나, 그 끝은 사람일지라

1

안건·자료는 AI로 미리 깔아 핵심부터 토론 시작
주요 논의와 결정은 사람의 지혜와 경험으로

보고

판은 AI가 깔고, 수는 내가 둔다

2

초안·구성은 AI, 마지막 완성은 결국엔 사람 손맛
전체 맥락을 이해하고, 보고받는 이를 배려

지시

AI를 매개로 '사람이 잘 이해할 수 있게'

3

AI에게 주는 프롬프트는 곧 팀원 간 업무 지시의 연습장
조건·기준·목적을 명확히 전달해, 오해 없는 협업 문화 형성

피드백

단순 '좋아요♥' 금지

4

디테일로 사랑하라, AI·사람 모두 구체적 피드백으로 성장
"잘했어"에서 멈추지 말고, 피드백 근거와 이유까지 전달

소통

AI는 다리 놓고, 우리가 건너간다

5

세대·부서 간 이견은 AI로 중재
부드러운 소통과 투명한 히스토리 관리

학습

AI는 달린다, 우리도 함께 달린다

6

오늘 배운 신식이 내일이면 구식
혼자 쓰면 눈치지만, 함께 쓰면 성과

윤리

AI에겐 비번도, 비밀도 없다

7

저작권·출처 표기, 사내외 법규 철저 준수
기밀·민감 정보는 절대 AI 업로드 금지

Chapter

8

AI 시대,
세대별 도전과 기회

AI 시대는 거대한 파도이다. 누군가는 오래된 배를 몰고, 누군가는 중간 크기의 요트를 타고, 또 누군가는 막 진수한 서핑보드 위에 서 있다. 배의 크기와 모양은 다르지만, 결국 같은 파도를 건너야 한다.

X세대는 수많은 항로를 경험한 노련한 선장이다. 경험이라는 지도와 직관이라는 나침반을 품고, 이제는 새로운 항해법을 익혀야 한다. Y세대는 두 세대의 항해법을 모두 아는 유연한 항해사이다. 변화의 물살 속에서 방향을 잃지 않도록 양쪽의 노를 번갈아 젓는다. Z세대는 새로운 조류를 타는 과감한 서퍼이다. 속도와 창의성으로 물살을 가르지만, 그 물결을 오래 타려면 균형과 판단이 필요하다.

이 장은 세대별로 어떤 돛을 달고, 어떤 방향타를 잡아야 AI라는 파도를 기회로 바꿀 수 있는지에 대한 항해 지도이다. AI는 바람이자 도구지만, 그 바람을 어떻게 받아들이느냐는 세대별 항해술에 달려 있다.

1.

X세대 : 직무 경험의 재결합

- AI와 직관의 융합

X세대는 오랜 시간 쌓아온 풍부한 직장 경험과 현장 노하우를 가지고 있다. 과거에는 이러한 경험과 경력만 보유하고 있어도 조직 내에서 매우 경쟁력 있는 존재였다. AI가 활성화되고 있는 지금 임원급, 팀장급은 회사의 경험과 직무 전문성으로 조직 내에서 생존하고 있다. 앞으로 AI 시대에는 이러한 기존의 경험과 전문성이 데이터 기반의 통찰과

결합될 때 더 큰 시너지를 발휘할 수 있다. AI가 제공하는 방대한 데이터를 기반으로 의사결정하며 인사이트를 가지고 미래의 해결책을 제시할 수 있을 때, X세대의 경험과 전문성을 바탕으로 한 노련한 직관은 그 정보의 정확성과 실효성을 검증하는 데 핵심적인 역할을 한다.

예를 들어, AI가 제안한 마케팅 전략을 X세대가 자신의 오랜 경험에 비추어 수정하고 보완한다면, 단순히 데이터만으로는 얻기 힘든 깊이 있는 전략이 완성될 수 있다. 중요한 것은 '내가 알던 방식'만을 고집하지 않고, AI가 제안하는 새로운 방식을 실험하고 받아들이는 도전이다. 익숙함을 잠시 내려놓는 순간, 경험과 기술이 서로를 강화하는 새로운 조합이 탄생할 것이다. X세대는 AI의 오류를 걸러내고, 현장 적용 가능성을 판단하는 최종 필터의 역할을 해야 한다.

일상적인 업무 루틴 타파 : AI를 파트너 활용

AI 시대에는 기본적인 업무 루틴에도 변화가 필요하다. 단순 반복 업무는 AI에게 맡기고, X세대는 고차원적인 사고와 판단이 필요한 영역에 더 집중해야 한다. 정보검색은 이제 AI와의 대화형 탐색으로 바뀌고, 문서 작성은 AI가 초안을 잡으면 사람이 다듬는 방식으로 진화한다. 의사결정 또한 AI가 제시하는 다양한 시뮬레이션을 참고하여 더 현명한 방향으로 나아갈 수 있다. 이러한 상황에서 기존의 일상적으로 하던 루틴의 일들은 변화가 필요하다. 과거 10년간 옳다고 생각했던 것들이 이제는 모두 틀린 업무 방식이 될 수 있다. X세대는 이러한 루틴 타파의 중심이 되어야 한다.

여기서 핵심은 AI를 단순히 '빠른 타자기'나 '검색 도우미'로 여기는 것을 넘어, 문제 해결을 함께하는 인생의 파트너로 전화하는 것이 필요하다. X세대가 가진 관리 역량은 AI가 생성한 결과물을 조직의 표준과 규정에 맞춰 안정적으로 정착시키는 데 큰 강점이 된다. AI가 작성한 보고서의 잘못된 정보를 잡아내고, 조직의 관련 용어로 교정하며, 현장 경험을 녹여낸 '신뢰도 높은 문서'를 완성하는 역할은 X세대가 가장 잘 수행할 수 있는 업무이다. 이러한 과정을 통해 AI는 단순한 실험 도구를 넘어, 장기적으로 조직에 기여하는 안정적인 시스템 자산이 될 수 있다.

세대 간 '통합자' 역할 : AI의 언어를 통섭

AI 시대의 X세대는 Z세대의 기술 친화성과 X세대의 경험 중심성 사이의 간극을 통합할 수 있는 존재가 되어야 한다. 즉, 아직 AI에 익숙하지 않은 X세대의 경험 중심과 반대로 AI에 익숙하지만 경험이 부족한 Z세대와의 통합을 통해 균형을 잡아주는 역할을 해야 한다. 이를 위해서는 X세대 스스로 AI 언어 문해력을 갖추고, 프롬프트 엔지니어링과 같은 AI 활용 기술을 익히는 노력이 필요하다. 텍스트뿐만 아니라 이미지, 음성, 데이터 분석 등 멀티모달 기능을 활용하며, 다양한 AI

플랫폼의 장단점을 이해하는 능력은 AI 시대의 핵심 생존력이 될 것이다. 자신을 '뒤늦게 AI에 적응하는 사람'이 아니라, 'AI 시대의 안내자이자 총괄 관리자'로 인식하는 순간, X세대는 AI 시대에 새롭게 업그레이드된 운영체제os가 되어 조직의 AI 전환 속도를 높이는 데 결정적인 역할을 할 수 있다.

2.

Y세대

: 낀 세대 Y를 위한 AI 스킬 200% 활용법

낀 세대 Y(1980년대에서 1990년대 중반 출생자)는 빠르게 변하는 조직 환경에서 중간 역할을 맡으며, 기성세대와 Z세대 사이에서 가교 역할을 하기도 한다. 이런 위치에서 생존과 성장을 위해서는 몇 가지 전략적 접근이 필요하다. 조직 내에서 낀 세대 Y가 효과적으로 적응하고 성장할 수 있는 조언은 다음과 같다.

① 자신만의 강점과 경험을 명확히 인식하라

낀 세대 Y는 아날로그와 디지털, 전통 업무 방식과 최신 기술 모두를 경험한 귀하고 드문 세대이다. 이런 경험적 강점을 적극 활용해야 한다. 업무 프로세스 개선, 디지털 도구 활용, 조직 내 소통 매개 역할 등에서 독보적인 가치가 있다. 조직 내 다양한 세대와 소통할 때, 각 세대의 특성과 언어를 이해하고 조율하는 능력을 키우면 '중재자' 및 '촉진자' 역할이 자연스레 부각된다. 디지털 변화와 기존 업무 노하우를 융합한 해결책을 제시해 조직 내 핵심 인력으로 성장하는 전략이 바람직하다.

② 끊임없이 학습하고 변화에 유연하게 대응하라

빠르게 변하는 시대에 머무르지 말고 적극적으로 변화에 맞서야 하는 세대이다. 이를 위해서는 AI, 빅데이터, 원격 협업 등 신기술 및 업무 방식을 주도적으로 습득하는 것이 중요하다. AI 도구 활용, 데이터 분석 능력, 협업 플랫폼 사용법 등 디지털 역량을 꾸준히 강화할 필요가 있다. 하지만 기술에만 의존하지 말고, 인간적 소통과 창의적 문제 해결 능력도 함께 키우는 균형이 필요하다.

③ '과정 중심적 사고'와 문제 해결 능력을 키워라

조직은 단순한 결과뿐 아니라 과정과 지속적 개선 능력을 점점 더 중시한다. 문제의 근본 원인을 파악하고, 다양한 관점에서 해결책을 모색하는 태도는 경쟁력이다.

AI가 제공하는 결과물에 의존하기보다, '왜', '어떻게'를 스스로 질문하며 문제의 근본을 탐구하는 힘을 키울 필요가 있다. 실패 사례도 학습의 기회로 삼으며, 지속적인 역량 향상 루틴을 만들어야 한다.

④ 조직 내 인간관계와 네트워크를 강화하라

낀 세대 Y는 조직 내에서 다양한 세대와 직급 간 가교 역할을 수행할 수 있는 위치에 있다. 동료, 상사, 후배와 적극 교류하며 신뢰를 쌓아라. 특히 Z세대와 X세대가 잘 소통할 수 있도록 돕는 역할은 큰 강점이다. 조직 내 협업 기회와 공동 프로젝트에 자주 참여해 영향력을 넓히고, 긍정적 평판을 구축하는 과정은 필수적이다.

⑤ 자기 주도적 커리어 관리와 건강한 워라밸 유지

자기 주도적으로 경력을 설계하며, 업무와 개인 삶의 균형을 맞추는 것도 중요하다. 자신의 가치와 비전을 명확히 하고, 필요한 기술과 경험을 단계적으로 쌓기를 바란다. 과도한 업무 스트레스에 빠지지 않도록 '회복과 재충전' 시간이 반드시 포함된 건강한 루틴을 유지해야 장기적 지속 가능성이 높아진다.

낀 세대 Y는 조직 내에서 '과거와 미래를 연결하는 다리'로서 독보적 가치가 있다. 자신의 경험과 변화 수용력을 결합하고, AI와 같은 신기술을 적극 수용하면서도 인간적 소통과 문제 해결 능력을 꾸준히 강화하는 것이 핵심 성장 전략이다. 과정에 집중하는 깊이 있는 사고, 주체적 학습 태도, 그리고 조직 내 다양한 관계 강화가 낀 세대 Y가 변화하는 시대 속에서 생존하고 발전하는 길이다. 또한 앞으로의 AI 시대에 빠르게 변화하는 업무 환경에 적응하며 경쟁력을 유지하려면, 단순히 AI 도구를 사용하는 것을 넘어서, AI와 인간 역량을 결합하는 '능동적 협업력'을 키우는 것도 중요하다.

우선 챗GPT, 업무용 AI 비서, 자동 문서 작성 도구, 데이터 분석 AI 등 기업에서 주로 쓰는 AI 도구들에 대한 기본 동작 원리와 활용법을 학습해야 한다. 다음으로 직무 맞춤형 AI 활용법을 습득하면 좋다. 마케팅이라면 AI 기반 고객 분석, 콘텐츠 생성 도구, 세일즈라면 CRM AI 자동화, 제조업이라면 스마트 팩토리 데이터 분석 AI 등 자신의 업무에 특화된 AI 기능을 집중적으로 익혀야 한다. 무엇보다 정기적인 AI 학습 및 업데이트 참여가 필요하다.

AI 기술은 빠르게 진화하므로 사내 AI 교육 프로그램, 온라인 과정, 세미나 등에 꾸준히 참여해 최신 AI 툴과 활용법을 습득하는 태도가 필요하다. 또한 반복 업무를 AI에 위임하는 데 그치지 말고, AI가 제공하는 인사이트를 적극 활용해 문제 해결과 의사결정 과정을 개선하는 데 집중해야 한다. 그래야 AI 결과물에 대한 비판적 해석과 재가공 능력이 강화된다. AI가 생성한 보고서, 분석 결과 등은 '기초 재료'로 보고, 자신의 판단과 경험, 조직 상황을 덧입혀 더 깊이 있고 맞춤형으로 다듬는 역량을 키울 필요가 있다.

만약 팀에서 보직(리더)을 맡고 있다면, 팀 내 AI 공유 및 협업 체계를 구축하는 것도 좋다. AI 활용 과정을 구성원과 공유하고, 서로의 노하우와 도구 사용법을 교환하며 시너지 효과를 추구하는 협업 문화를 활성화할 필요가 있다. 여기에 AI에게 단순 명령만 내리는 게 아니라, '왜 그 결과가 나왔는지', '다른 대안은 무엇인지' 등의 질문을 던지며, AI와 능동적으로 소통하는 방식을 함께 익힌다면 팀 차원의 학습 역량이 크게 향상될 수 있을 것이다. 특히 복잡한 문제 해결 시 AI를 활용하여 다양한 시나리오를 실험·비교하고, 실행 가능한 해법을 도출하는 역량을 함께 키울 수 있다면 더욱 이상적이다. 개인이 혼자 수행했을 때보다 비교할 수 없는 다이내믹스를 경험할 수 있을 것이다.

Tableau, Power BI, Canva AI 등 AI 기반 시각화 도구로 아이디어의 시각적 표현을 가장 많이, 잘 수행할 수 있는 것 또한 Y세대이다. 전문성과 조직에 대한 이해뿐 아니라 기술에 대한 학습 수용력이 높기 때문에 의도적으로 보고서 시각화를 위한 최소 1개 이상의 AI 시각화 툴을 사용해 보기를 권한다. 마지막으로 AI가 제공한 정보나 초안에 무비판적으로 의존하지 않고, 스스로 자료를 조사·검증하며, AI 결과를 보완하는 능력을 계속 키워 나가야 한다. 시행착오가 허용되는 학습 모델을 설계하고, AI와 함께 반복 실험과 성과 분석을 하여 점진적 역량 향상을 도모하는 태도를 지속적으로 유지할 필요가 있다.

낀 세대 Y가 AI 시대 조직에서 지속적으로 성장하고, 위기의 돌파구를 마련하려면, AI 도구 활용을 단순한 '기계적 사용'에서 벗어나 '능동적 협업과 문제 해결의 동반자'로 만들어야 한다. 이를 위해 AI 도구별 특성과 기능을 체계적으로 습득, 업무 프로세스를 재설계하고, AI가 제시하는 결과물을 비판적으로 해석하여 자신의 업무 역량과 창의성으로 승화시켜야 한다. 또한 자기주도적 학습과 AI를 동시에 활용하며, 데이터 보안과 윤리 문제에 철저한 경각심을 가지는 것이 지속 가능한 성장을 가능하게 한다. 이러한 균형 잡힌 AI 활용 능력이 낀 세대 Y가 조직 내에서 인정받으며 성장할 수 있는 가장 확실한 전략이 될 것이다.

Y세대의 AI 활용 업무 능력 강화 체크리스트

체크리스트	설명	개발 팁
AI 도구 기본 이해	챗GPT 등 주요 AI 도구 원리와 기능 숙지	정기적인 학습과 사내외 교육 프로그램 참여로 최신 정보 습득
직무 맞춤형 AI 활용	업무 특성에 맞는 AI 기능 집중 학습	마케팅, 데이터 분석, 콘텐츠 제작 등 직무별 사례 중심 학습
AI 활용 업무 프로세스 재설계	단순 자동화 못지않게 문제 해결용 AI 통합 프로세스 설계	팀 협업과 피드백 루프 구축으로 AI 결과물을 효과적으로 활용
AI 결과 비판적 해석	AI가 내놓은 결과물 맥락 검토 및 재가공 능력 강화	다양한 시나리오 실험 및 동료와 토론 병행으로 해석력 향상
AI 활용 문제 해결 및 창의성 증진	호기심과 질문 중심 AI 대화로 해법 다양화	AI 시각화 도구 활용해 아이디어를 직관적으로 표현하고 확장
자기주도 학습과 AI 병행	AI와 대화하며 스스로 학습 목표 주도적 설정	실패, 시행착오 과정에서 AI 도움을 받아 반복 학습하는 습관 형성
데이터 보안과 AI 윤리 의식	기업 보안 정책 준수 및 저작권, 윤리 문제 인식 강화	민감 정보 AI 입력 금지, 출처 명확화 등 책임 있는 AI 활용 원칙 준수

Y세대를 위한 세대 통합 커뮤니케이션 매뉴얼

Y세대는 아날로그와 디지털, 전통과 혁신 사이에서 다리 역할을 하는 중요한 세대이다. 조직 내에서 기성세대와 Z세대 사이의 소통 격차를 줄이고, 서로의 강점과 문화를 연결하는 가교가 되어야 한다. 이 매뉴얼은 Y세대가 세대 간 소통을 원활히 하고 협업 문화를 조성하는 데 실질적 도움을 주기 위한 지침서이다.

① 세대 차이 이해하기

- X세대 : 경험과 연공서열 중시, 안정과 신뢰를 중요시, 서면과 공식적 소통 선호
- Y세대 : 기술 친화적, 수평적 소통 중시, 의미 있는 업무와 성장 기회 요구
- Z세대 : 디지털 원주민, 빠른 피드백과 협업 툴 선호, 개인화와 다양성 존중

② Y세대 역할과 구체적 실행 방안

- 다리 역할 수행 : 양쪽 세대가 가진 강점과 우려를 파악하여 서로의 관점을 중재한다. 필요시 기성세대에게 새로운 기술과 협업 툴 교육을 제안하고, Z세대에게 조직 내 공식 프로세스 및 경험 공유 제공을 지원한다.
- 소통 방식 조율 : 공식 보고나 중요한 결정 사항은 기성세대가 선호하는 서면으로 준비하되, 별도로 짧고 핵심만 요약한 디지털 메시지를 함께 제공한다. 비공식적으로는 메신저, 채팅, 영상 등을 활용해 빠른 소통과 피드백을 촉진한다.
- 협업 문화 강화 : 세대 간 공동 프로젝트 시 역할과 기대치를 명확히 하고, 소통 규칙(정기 업데이트, 의견 제출 방식 등)을 사전에 합의한다. AI 및 협업 툴 활용 팁을 교육하고, 커뮤니케이션 장벽을 낮추기 위해 지속적으로 지원한다.
- 갈등 관리 : 세대 간 갈등 발생 시, 감정적 반응보다 사실과 객관적

근거 중심으로 문제를 분석한다. 중립적 자세를 유지하며 제3자의 의견을 듣고, 모두가 수용 가능한 합리적 해결책을 모색한다.

③ 실천 체크리스트

- 서로의 세대적 차이를 이해하고 존중하는 마음가짐을 갖추었는가?
- X세대와 Z세대 모두가 이해하기 쉬운 소통 방식을 활용하고 있는가?
- 세대별 선호하는 커뮤니케이션 채널을 적절히 병합·운용하고 있는가?
- 공동 프로젝트 협업 규칙과 역할 분담을 명확히 했는가?
- 갈등 발생 시 객관적이고 중립적인 자세로 문제를 풀고 있는가?
- AI 및 협업 도구 활용 교육과 지원을 제공하고 있는가?

Y세대의 세대 통합 실천 방안

항목	실천 방안
세대별 소통 방식 이해	기성세대·Y세대·Z세대 각각의 커뮤니케이션 특성 학습
맞춤형 소통 채널 적용	이메일, 메신저, 영상통화 등 세대에 따른 최적 채널로 메시지 전달
협업 규칙 및 역할 명확화	공동 업무 시작 전 역할 분담과 협업 규칙 사전 합의
정기적 소통 및 피드백	주기적 회의와 비공식 커뮤니케이션 활성화
AI 활용 보안·윤리 준수	민감 정보 비노출, 저작권 준수, AI 결과 검증 등 윤리적 AI 사용
갈등 발생 시 객관적 해결 시도	감정 배제, 사실 확인, 제3자 중재 요청 등 합리적 문제 해결 노력
AI 교육 및 지원 제공	팀원 대상 AI 도구 교육 및 사용 팁 공유
세대 간 이해 증진 활동 참여	워크숍, 토론회 등 세대통합 프로그램 참여

Y세대는 조직 내에서 세대 간 연결자이자 혁신 촉진자로서 매우 중요한 위치에 있다. 실제 업무에 적용하며 커뮤니케이션 역량을 강화하

면, 다양한 세대가 조화롭게 협력하고 성과를 창출하는 건강한 조직 문화를 만들 수 있다. 또한 AI 시대에도 사람 중심의 소통과 창의적 협업이 빛나는 조직을 만드는 데 기여할 수 있을 것이다.

3.

Z세대

: AI와 함께 자라나는 세대, 변화 속에서도 나답게 일하는 법

AI 시대의 Z세대는 마치 어벤저스의 신입 멤버 같다. 혼자서 세상을 구할 수 있는 히어로는 없다. 아이언맨의 기술력, 토르의 힘, 닥터 스트레인지의 마법이 합쳐져야 최종 보스를 물리칠 수 있다. 특히 캡틴 아메리카를 보라. 그는 방패 하나로 팀을 지킨다. 그 방패가 없으면? 여전히 뛰어난 전사지만, 압도적인 적 앞에서는 버티기 힘들다.

우리에게 AI는 그 '방패'와 같다. 그 자체로 세상을 바꾸는 힘을 가지지는 않았지만, 내 역량과 결합하면 상상 이상으로 강력해진다. 문제는 방패를 들 능력이 있느냐, 그리고 그걸 적재적소에 휘두를 판단력이 있느냐이다. Z세대는 이 방패를 입사 후 몇 년이 지나서야 본격적으로 쓸 수 있었지만, 한번 손에 쥐자마자 새로운 전술을 만들어 내는 데 주저함이 없다.

AI 세대의 기회 : 방패를 들고 새 판에 뛰어든 세대

Z세대에게 AI는 '나중에 배우는 기술'이 아니라, 업무 중에 자연스럽게 흘러 들어온 새로운 무기였다. 첫 보고서를 만들고, 기획안을 짜고, 자료를 시각화하는 순간, AI는 곧장 우리의 옆자리에 앉았다. 이건 단순한 운이 아니다. 방패를 들고 경기에 들어간 첫 순간부터, 우리는 몇 번의 클릭만으로 베테랑처럼 자료를 정리하고, 아이디어를 이미지로 만들고, 시장 데이터를 분석할 수 있었다.

이 '즉시 실행력'은 경력의 격차를 줄여준다. 과거에는 경험과 연차가 쌓여야 가능했던 수준의 성과를 AI 덕분에 훨씬 이른 시점에 경험하게 된다. 기회가 실력보다 먼저 오는 시대, 그게 우리 세대가 가진 특권이자, 동시에 시험대이다.

AI 세대의 도전 : 방패만 믿다가는 빈손이 될 수 있다

하지만 방패가 있다고 해서 무적이 되는 건 아니다. 캡틴 아메리카도 방패를 들고 가만히 서 있었다면 전설이 되지 못했을 것이다. AI도 마찬가지이다. 단지 '쓴다'는 사실만으로는 가치가 생기지 않는다. AI를 제대로 활용하기 위해서는 몇 가지 주의가 필요하다.

첫째, 빠른 실행력은 깊이 부족이라는 부작용을 만든다. AI가 만들어 준 결과를 그대로 제출하면 겉은 번쩍이지만, 속은 비어 있는 문서가 된다.

둘째, 속도가 자칫 '성급함'으로 오해받을 위험이 있다. 윗세대는 때로 우리의 빠른 결정을 "준비도 없이 덤빈다"라고 해석한다. 그렇기에 우리는 '왜 이렇게 만들었는지'를 설명하고 설득하는 힘을 길러야 한다.

셋째, AI는 완벽하지 않다. 데이터를 잘못 가져오거나, 사실을 비슷하게만 꾸며낼 때가 있다. 그럴 때는 방패 뒤에 숨지 말고, 직접 전장에 나서서 오류를 바로잡아야 한다.

나답게 일하는 법 : 방패를 휘두르는 방식은 각자 다르다

Z세대가 AI 시대에 진짜 강해지는 방법은 'AI답게'가 아니라 '나답게' 일하는 것이다. AI는 우리의 손발을 대신할 수 있지만, 무엇을 만들고

왜 만드는지까지 대신할 수는 없다. 그 판단이 바로 '나다움'이고, 그 나다움이 경력을 쌓아 올린다.

- 선택하는 힘 : AI가 제시하는 수많은 옵션 중, 내 가치관과 팀 목표에 맞는 것을 고르는 능력
- 직접 하는 용기 : 자동화된 흐름 속에서도 '이건 내가 해보겠다'고 결정하는 순간
- 맥락 설계 : 빠른 산출물 속에 대상, 상황, 조직문화를 녹여내는 설계력

플레이 파트너로서의 AI

Z세대에게 AI는 단순히 '만능 해결사'가 아니라 '플레이 파트너'이다. 우리가 공격할 때 AI는 패스를 건네고, 수비가 필요하면 방패를 들어준다. 덕분에 우리는 더 빨리 시도하고, 더 많이 실패하며, 더 넓게 배운다.

물론, 모든 시도가 성공하는 것은 아니다. 때로는 과한 시각 효과나 부적절한 표현으로 조직문화와 어긋날 때도 있다. 그럴 때는 방패를 잠시 내려놓고, 팀의 피드백을 받아 다음 플레이를 준비하면 된다. 이 끊임없는 반복을 통해 우리는 방패를 다루는 진짜 기술을 익히게 된다.

세대를 잇는 AI 시대의 마지막 한 장

X세대는 오랜 경험과 직관을 데이터와 결합해 AI 시대의 '안정된 나침반'이 된다. Y세대는 두 세대를 잇는 연결자이자, 변화 속에서도 워라밸(일과 삶의 균형)을 유지하며 AI 활용 영역을 확장해 나가는 조율자이다. Z세대는 속도와 창의성, 형식 파괴를 통해 새로운 판을 만들어 가는 플레이메이커이다.

각 세대는 서로 다른 무기와 전략을 갖고 있다. 하지만 AI 시대의 진짜 승부는 누가 더 강한 무기를 가졌는가가 아니라, 이 무기들을 어떻게 함께 쓰느냐에 달려 있다. AI는 우리 모두에게 방패인 동시에 창이다. 누군가는 그 방패로 팀을 지키고, 누군가는 그 창으로 길을 열며, 또 누군가는 전략을 설계해 모두가 같은 목표로 나아가게 한다.

우리가 이 책에서 나눈 모든 이야기, 즉 세대별 AI 활용법, 협업 방식, 소통 코드, 윤리와 책임, 실전 사례는 결국 한 문장으로 귀결된다.

"AI 시대의 진짜 일잘러는 기술보다 태도에서 결정된다."

그 태도란, 다른 세대의 언어를 이해하고, AI의 가능성을 현실로 만들며, 결과의 품질과 의미에 책임지는 자세이다. 이제 각자 방패를 들고, 창을 들고, 전략을 세울 차례이다. 우리 모두는 같은 팀이다. AI라는 '팀 자산'을 어떻게 쓰느냐에 따라 앞으로의 직장 풍경은 완전히 달라질 것이다. 그리고 다음 페이지는 당신이 직접 써 내려갈 AI 시대의 새로운 업무 일지이다.

AI 시대 함께 삶을 살아가고 있는 각 세대에게, 그리고 동료 세대에게 보내는 편지

[X가 X세대에게 보내는 편지]

디지털 이민에서도 살아남고, 또 AI 시대를 살아남아야 하는 X세대 동료 여러분께

디지털 이민자 동료들!! 잘 지내고 있는가?

우리가 'X세대'라는 이름으로 불리기 시작한 게 엊그제 같은데, 벌써 조직의 최고 위치를 향하고 있는 우리 자신을 발견한다. 삐삐와 PC통신으로 시작해 스마트폰과 소셜미디어까지, 우리는 그 어떤 세대보다 격렬한 기술의 파도를 온몸으로 맞으며 달려온 것 같다. 아날로그 시대에서 시작해서 디지털 시대로, 다들 수고 많았어. 그런데 이제 '인공지능(AI)'이라는, 이전과는 비교할 수 없는 거대한 파도가 다시 우리 앞에 밀려오고 있어.

솔직히 말해보자. 가끔은 버겁지 않은가?

아날로그의 낭만과 디지털의 편리함을 모두 경험한 것이 우리의 자부심이었지만, 이제는 하루가 다르게 쏟아지는 AI 툴과 플랫폼 앞에서 길을 잃은 듯한 기분이 들 때도 있을 것이다. 우리가 밤새워 만들던 기획서를 단 몇 분 만에 만들어 내는 AI를 보며 허탈함을 느끼기도 하고, AI 관련된 낯선 용어와 변화 앞에서 두려움을 느끼는 것도 무리가 아니다.

하지만 우리를 더 힘들게 하는 것은 따로 있어. 바로 우리와 함께 일하는 Y와 Z세대와의 미묘한 거리감이다. "왜 그렇게 비효율적으로 일해요?"라고 묻는 Z세대 앞에서 우리의 경험은 구시대의 유물처럼 느껴지고, "이 일은 어떤 의미가 있죠?"라는 Y세대의 질문 앞에서 우리가 지켜온 관행은 '꼰대의 잔소리'로 치부되기도 한다.

그러나 나의 동시대의 친구들아, 바로 이 지점이 우리가 다시 한번 우리의 진짜 저력을 발휘할 때라고 생각한다. AI 시대, 그리고 여러 세대가 공존하는 이 시대야말로 우리 X세대가 진짜 주인공이 될 수 있는 무대이다.

첫째, 우리는 AI를 '도구'로 볼 줄 아는 균형 감각을 가진 마지막 세대이다. 베이비붐 세대에게 AI는 이해하기 어려운 마법에 가깝고, 우리 이후 세대에게 AI는 태어날 때부터 주어진 공기나 마찬가지이다. 오직 우리만이 AI를 신기해하면서도 그 한계와 맹점을 꿰뚫어 볼 수 있어. 우리는 AI가 제시한 화려한 결과물 뒤에 숨겨진 맥락(context)을 읽어낼 수 있다. AI가 데이터에 기반한 '정답'을 제안할 때, 우리는 사람과 사회에 대한 이해를 바탕으로 한 '현명한 답'을 더할 수 있다고 생각해. 우리의 역할은 AI와 경쟁하는 것이 아니라, AI를 가장 잘 다루는 '현명한 조련사'가 되는 것이다.

둘째, 우리는 최고의 '번역가'이자 '연결자'다. Y세대는 '공정함'과 '의미'를 원하고, Z세대는 '효율성'과 '재미'를 추구한다. 그들의 언어와 우리의 언어는 다르지만, 우리는 기성세대의 언어와 논리를 이해하면서, 동시에 새로운 세대의 문화를 온몸으로 겪어낸 유일한 세대이지. Z세대가 AI 툴로 만든 초안에 Y세대가 추구하는 의미와 가치를 부여하고, 여기에 우리의 경험과 통찰을 더해 조직의 언어로 설득해 내는 것, 이것이 바로 우리만이 할 수 있는 '세대 간 협업 프로젝트'의 핵심이야.

그러니 이제부터 이렇게 해보자.

Y, Z세대 동료에게 "나 때는 말이야…"라고 말하는 대신, "이런 AI 기술을 여기에 적용해 보면 어떨까?"라고 먼저 제안해 보자. 그들이 새로운 기술에 대해 설명할 때, 평가하지 말고 학생처럼 호기심 가득한 눈으로 경청하자. '요즘 애들'이라고 선 긋지 말고, 그들의 디지털 감각과 우리의 아날로그적 깊이를 결합할 수 있는 방법을 함께 고민하는 '전략적 파트너'가 되어주자.

그들이 필요로 하는 것은 잔소리가 아니라, 길을 잃었을 때 방향을 알려주는 '내비게이션' 같은 경험이다. AI가 보여주지 못하는 큰 그림, 데이터가 읽어내지 못하는 사람의 마음, 위기 상황에서 발휘되는 직관, 그것이 우리의 무기이다. 우리의 경험이 그들의 기술과 만날 때, 우리는 상상 이상의 시너지를 만들어 낼 것이다.

자랑스러운 동료 X세대여, 우리는 한 번도 시대의 중심에서 밀려난 적이 없다.

단지 시대가 우리를 부르는 이름이 계속 바뀌었을 뿐이다. '신세대'로 시작해 이제는 조직의 '최고 높은 역할'을 하게 된 우리. AI 시대는 우리에게 위기가 아니라, 우리의 진정한 가치를 증명할 가장 멋진 기회이다.

우리의 유연함으로 기술을 끌어안고, 우리의 통찰력으로 세대를 연결하자. 그렇게 우리가 중심이 되어 Y, Z세대와 함께 만들어갈 새로운 시대는 분명 우리가 상상하는 것보다 훨씬 더 단단하고 지혜로울 것이다.

시대를 관통하며 묵묵히 자리를 지켜온
당신의 영원한 동료이자 같은 시대를 살고 있는 다른 X가

[Y가 Y세대에게 보내는 편지]

내일이 더 불안하고, 위아래에 끼어 사는 Y세대 동지들에게

나는 나중에 절대 X처럼 라떼는 마시지 않겠다던, 언제였는지 기억도 안 나는 과거의 각오나 결심이 기억나나요? 그래도 요즘은 따뜻하고 정이 있었던 그때의 라떼가 그대에게도 아른아른 떠오르지는 않을까 싶습니다.

요즘처럼 말의 속도가 빨라지고, 위에서나 아래서나 기대의 높이가 끝없이 높아지는 시대에, 중간에서 모든 것을 연결하고 버텨내는 우리 밀레니얼 Y세대는 조직의 참 주인공이라 감히 생각합니다. 이따금 무겁게 감당해야 하는 우리의 자리, 힘들게 나아가고자 하는 그 자리를 누군가는 '끈(라인, 인맥)'이라 비하하고, 또 누군가는 '(넘사)벽'이라고도 말하기도 합니다.

그러나 우리는 세대와 세대, 목표와 성과, 과거와 미래를 이어주는 역할을 수행해야 하는 다리라고 생각합니다. 매일 반복되는 행동의 다름이 '나음'을 만들고, 이음이 '이로움'이 되어줄 거라 생각합니다. 당장은 다리는 아프지만 어쩌겠어요. 여기가 우리 Y세대가 가장 빛날 수 있는 자리인 걸요. 속도와 품질, 성과와 리더십을 끊임없이 요구받는 지금은 AI가 만들어 내는 도구와 기회들이 선택이 아닌 필수가 되어버렸어요. 그러니 우리 후배 Z세대의 리더십을 위해 더 적극적으로 AI를 활용해 봅시다.

AI로 업무 효율을 높여 여유를 확보하고, 새롭게 확보되는 시간을 Z세대들을 위하 코칭하는 시간으로, 그간 숨 쉬듯 밀려오는 업무로 인해 듣지 못했던 그들의 이야기들을 경청하는 기회로, 그리고 AI라는 매개체를 통해 도달하는 그들의 일 하는 방식에 의문보다는 격려를, 비판보다는 조언을 더해주면 좋을 것 같습니다.

당신도 이미 공감하고 있겠지만, 빠르게 변화하는 요즘 세상을 보고 있으면 어지러워요.

그렇다고 눈을 감으면, 다시 그 눈을 떴을 때 보이는 그 풍경은 더 낯설고 무서운 장소가 되어 우리를 더욱 절망하게 만들 겁니다. 그렇기에 조직에서 신경 쓸 것이 너무 많은 우리의 X세대 선배, 리더들은 변화의 흐름을 다소 느리게 포착할 수도 있습니다. 그럴 때 우리는 X세대의 동반자로서 새로운 인사이트나 AI 기술의 변화에 대해 모니터링하고, 그들의 의사결정을 위한 객관적 조언을 아끼지 말아주세요. 원하든 원치 않든 변하는 것이 세상의 이치이고, 리더가 더 옳은 방향을 바라볼 수 있게 돕는 것, 그것이 Y세대의 중요한 역량이자 팔로워십입니다.

특히 리더인 Y세대 동지들에게 꼭 말씀드리고 싶습니다.

업무는 가능한 한 AI를 활용해서 효율화하고, 이를 통해 여유시간을 만들어야 합니다. 리더에게 여유가 없으면 리더십도 없습니다. 자칫 혼자 쳇바퀴처럼 업무만 하다 병들게 될지도 모릅니다. 아직 늦지 않았습니다. 조금씩 업무를 재정의하고, 학습과 실험을 게을리하지 말아야 합니다. 또한 이따금 구성원과의 의견 충돌이나, 상이한 결론에 도달했을 때에는 AI라는 행위자를 적극 활용하시기를 권장합니다. 상반된 의견과 관련된 상황을 프롬프팅하고, 이를 통해 중재안을 제안받는 것도 좋고, 리더의 의견에 힘을 더해 줄 보완재로 사용해도 좋습니다.

성과는 숫자로, 신뢰는 언어로, 변화는 사람으로 설명해야 하는 자리, 그 자리가 바로 지금의 우리입니다. 결과는 당연한 것처럼 취급되고, 실패는 오래오래 기억되는 야속한 자리. 그래서 지칠 수밖에 없는 자리이지만 이것을 저는 우리의 숙명이 아니라 용기라고 부르고 싶습니다.

그러니 조금 더 노력해 봅시다. 애매함 앞에서 도망치지 말고, 비효율이나 부정과 타협하기 전에 스스로에게 질문을 던져 봅시다. 그 질문이 나에게, 리더에게, 후배에게, 또한 AI에게 영향을 미치며 결국 우리를 조직에서 꼭 필요한 중재자로 만들 것입니다.

한편으로 두렵기는 하지만, 결국 AI는 우리 Y세대가 잘하고, 잘해야 했던 다리의 역할과 중재의 일을 더 잘하도록 도울 것입니다. 복잡한 정보가 '의사결정의 언어'와 '프롬프트'로 바뀌고, 단순한 정보 수집부터 데이터 요약이나 시나리오 비교, 리스크 시뮬레이션까지 우리의 작업은 더 빨라지고 선명해질 것입니다. 그리고 그 협력의 중심에 Y세대인 당신이 계셨으면 합니다.

AI는 세대 간 학습의 회로를 만들어 줄 것입니다. X세대의 경험과 지식, Z세대의 트렌드 감각 사이에서 Y세대는 그 영향력을 기하급수로 키울 수 있을지도 모릅니다.

그럼에도 불구하고, 이 길은 매우 고단합니다. 그래서 마지막으로 '위로'를 건네며 이 편지를 마무리하고자 합니다.

때로는 X세대나 Z세대의 끊임없는 질문을 견뎌야 할 것입니다. 하지만 그것도 괜찮습니다. 질문을 견디는 것도 중간 관리자로서 Y세대가 가진 권한이자 품격입니다. 모든 문제에 정답을 주지 못해도 괜찮습니다. 정답이 아니더라도, 함께 해답을 모색하고 다음 선택지를 제안할 수 있다면 그것으로 충분합니다.

혹시 지금 "내가 이걸 왜 다 하고 있지?"라는 생각이 든다면, 잠시 멈추세요.

혼자 모든 일을 다 하지 않아도 됩니다. 당신이 일을 잘한다는 것, 누구보다 잘 알고 있습니다. 하지만 이제 업무는 AI에게 나눠주고, 후배에게는 더 큰 믿음을 건네 주세요. 비록 책임의 무게는 여전하겠지만, 우리 모두의 신뢰의 무게는 분명 더 커질 것입니다. 리더십은 나눌수록 더욱 선명해지니까요.

오늘 하루도 잘 버텨낸 당신, 정말 고맙습니다. 당신이 있어 조직은 무너지지 않았고, 당신 덕분에 내일의 변화는 너무 빠르지도, 너무 느리지도 않을 것입니다. 부디 AI나 선배, 후배에게처럼 당신 스스로에게도 친절하길 바랍니다.

탁월함이란 완벽함이 아니라 꾸준히 걸어온 나 자신에 대한 또 다른 이름이니까요.

당신과 같은 세대를 살아가는 지지자,
그리고 AI 시대를 함께 건너는 저자 Y로부터

[Z가 Z세대에게 보내는 편지]

같은 시대를 살아가는 Z세대 동료들에게

우리는 늘 변화의 한가운데 서 있었어. 새로운 기술이 나오면 제일 먼저 써보고, 신기한 기능이 생기면 재미있게 놀면서 금세 자기 것으로 만들었지. 그리고 이제, 우리 앞에는 AI라는 더 큰 물결이 밀려와 있어. 누군가는 이 변화를 무겁게 바라볼지도 모르지만, 우리는 언제나 새로운 것을 즐기며 배우는 데 익숙하잖아. 이번에도 다르지 않아.

AI는 단지 답을 내놓는 도구일 뿐이고, 그 답을 어떤 질문으로 이끌어 내고, 어떻게 새로운 의미를 입히느냐는 우리의 몫이야. 질문을 던지고, 감각을 입히고, 사람과 사람을 이어내는 힘. 이것이 바로 우리가 가진 가장 큰 무기야. 우리는 두려움 대신 새로움을 무기로 삼는 세대니까.

그리고 잊지 말자. 이 길은 우리만의 길이 아니라는 것을. X세대가 경험으로 남긴 흔적 위에 Y세대는 균형과 의미를 세우고 있어. 거기에 우리의 실험정신과 속도가 더해진다면, 세대 간 관계는 단절이 아니라 연결이 될 거야. AI는 그 연결을 가능하게 하는 다리이며, 우리는 그 다리를 건너는 세대이니까!

그러니 멈추지 말자. AI가 내놓은 결과를 그대로 소비하지 말고, 우리의 언어로 새롭게 써 내려가자. 혼자만의 비밀로 간직하지 말고, 서로의 발견을 나누며 함께 성장하자. 속도만 좇지 말고, 의미와 재미를 동시에 추구하는 우리다운 방식을 만들어 가자. 늘 그래왔듯이!

AI 시대는 거대한 파도이지만, 그 파도는 우리를 밀어내는 힘이 아니라, 우리를 더 멀리 데려가는 바람일 거야. 파도를 두려워하기보다 즐겁게 타고, 서로의 어깨를 붙잡으며 나아가자. 그러면 언젠가 역사는 우리 세대를 이렇게 기억할 거야.

AI 시대를 그저 통과한 세대가 아니라, AI 시대를 가장 창의적이고 당당하게 열어젖힌 세대, 그리고 다른 세대와 함께 새로운 길을 만들어 낸 세대라고.

같은 파도를 건너는, 우리 Z세대를 위하여

참고문헌

김대식(2017). 인간 vs 기계, 21세기북스.

김대식(2023). 김대식의 AI 빅퀘스천, 열린책들.

김용모(2025). AI 증강 리더십, 움직이는책.

김정민(2023). 챗GPT는 어떻게 일하는가, 한빛미디어.

김주환(2023). AI 시대의 리더십, 알키.

김지현(2023). 기획은 AI가 할 수 없다, 북스톤.

김철수(2025). AI와 함께 일하는 법, 위키북스.

데이비드 드 크리머 지음, 박단비 옮김(2022). 다음 팀장은 AI입니다, 위즈덤하우스.

문현석(2022). AI를 위한 머신러닝 시스템 디자인, 비제이퍼블릭.

박상길(2021). AI 프로덕트 매니저, 한빛미디어.

송길영(2023). 데이터 인사이트, 북스톤.

앤드류 응 지음, 김고명 옮김(2020). AI 시대의 기업 경쟁력: 앤드류 응이 말하는 AI 전략, 세종서적.

유영만(2022). 코나투스: AI 시대, 인간을 인간답게 만드는 힘, 북하우스.

유영만(2023). 모두 인공지능 백신 맞았는데 아무도 똑똑해지지 않았다, 뜨인돌.

윤종영(2022). 사람을 이롭게 하는 인공지능, 호이테북스.

이경전(2020). 인공지능과 미래사회, 비즈니스북스.

이경전(2021). AI 2045, 비즈니스북스.

이승우(2020). AI와 함께 살아가기, arte.

이재흥(2023). 챗GPT 혁명, 김영사.

이혜정 · 유규창(2013). Y세대의 일과 삶의 균형: 세대별 일의 가치를 통해 본 의미 및 역할, 노동정책연구.

장병탁(2022). AI 인문학 수업, 로크미디어.

조성배(2021). 인공지능, 어떻게 할 것인가, 웅진지식하우스.

카이스트 문술미래전략대학원(2022). 미래의 기술 미래의 사회, KAIST Press.

카카오브레인(2023). AI 시대의 일과 학습. 카카오브레인.

칼 뉴포트 지음, 김태훈 옮김(2017). 딥 워크: 완벽한 집중을 위한 규칙, 더퀘스트.

캐시 오닐 지음, 노승영 옮김(2017). 알고리즘이 지배하는 세상: 빅데이터는 어떻게 약자를 더욱 약하게 만드는가, 흐름출판.

한국인공지능법학회(2023). AI 윤리와 법, 박영사.

한동일(2021). AI 시대의 교육혁명, 교보문고.

한상기(2019). 4차 산업혁명에서 살아남기, 한빛미디어.

홍성두(2023). AI 시대를 위한 사고의 기술, 김영사.

홍진배(2023). AI로 일하는 법, 한빛비즈.

AINOW 편집팀(2023). 챗GPT, 인공지능 시대의 시작, 더퀘스트.

Castells, M. (2010). *The Rise of the Network Society* (2nd ed., with a new preface). Wiley-Blackwell.

Deloitte. (2025). The Deloitte Global Millennial and Gen Z Survey 2025. Deloitte Insights.

Latour, B. (1993). *Aramis, or the Love of Technology* (C. Porter, Trans.). Harvard University Press.

UNESCO (2021). Recommendation on the Ethics of Artificial Intelligence.

최원설

AI 시대에 리더십의 방향은 무엇인지, 학습과 발달은 어떻게 변화할지를 고민하는 현장 실천가이다. 고려대학교에서 교육학 학사, 기업교육 석사, 리더십으로 박사학위를 취득하였고, 삼성, 현대차그룹, KPC, 하나투어, 한국수력원자력 등에서 교육 기획 및 HRD 컨설팅 업무를 25년 이상 수행하였다. 현재 학습을 통한 변화, 피드백, 세대, MBTI, AI 시대 리더십 등을 연구하고 공공기관과 기업에 적용하고 있다. 저서로 『함께라서: XYZ 세대 공감 프로젝트』, 『굿피드백』, 『다름보다 아름: 관계를 이해하는 MBTI 직장 매뉴얼』 등이 있다.

이재하

성장의 항로를 밝히는 등대지기(Lightkeeper)로, 고려대학교 기업교육학 석사, 한양대학교 교육공학 박사과정을 거쳐 CJ그룹(제일제당, 주식회사, 인재원, ENM), 위대한상상, 한화생명 등 다양한 기업에서 HR · HRD 전문가로 활동했으며, 현재는 컨설턴트, 강사, 작가로서 활동하고 있다.
현재 말과 글을 통해 개인과 조직의 성장에 도움을 주고 있으며, 저서로는 『흑백리더십』, 『함께라서: XYZ 세대 공감 프로젝트』, 『회사학개론』, 『모두의 팀장』, 『모두가 플레이어』 등이 있다.

고은비

Z세대 작가로서, 늘 사람이 모이고 연결되는 순간을 만드는 일을 해왔다. 그 과정에서 사람과 기술, 세대가 함께 일하는 장면과 흐름을 관찰하고 기록한다. 한양대학교에서 사회학과 교육공학을 전공했으며, 생산현장 교육 업무로 커리어를 시작해 조직문화 실무자로 확장해 왔다. 현장에서 일하며 줄곧 관심을 가져온 것은 서로 다른 언어와 방식으로도 협업이 가능해지는 순간, 그리고 그 순간이 만들어지는 구조였다. 세대 간 일의 언어와 협업 방식, AI 시대에 변화하는 일의 풍경을 꾸준히 탐구하고 있으며, 현재는 기아 AutoLand에서 조직문화 기획과 현장 기반의 소통 · 참여 프로그램을 담당하고 있다. 저서로는 『함께라서: XYZ 세대 공감 프로젝트』가 있다.

AI와 함께라서

1판 1쇄 발행 2026년 1월 30일

저 자 최원설·이재하·고은비
펴낸이 김동근
펴낸곳 **지식터**
등 록 2022년 10월 19일(등록번호 제2022-000170호)
주 소 경기도 고양시 일산동구 정발산로 42번길60, 437호(장항동, 웨스턴853
전 화 031-811-8500
팩 스 031-811-8600
이메일 jster22@naver.com
홈페이지 www.jster22.com
ISBN 979-11-24326-00-8 (03320)

값 18,000원